客户价值战略

以终为始的客户终身价值管理

陈军 / 著

中信出版集团 | 北京

图书在版编目（CIP）数据

客户价值战略：以终为始的客户终身价值管理 / 陈军著 . -- 北京：中信出版社，2023.9
ISBN 978-7-5217-5630-2

Ⅰ . ①客… Ⅱ . ①陈… Ⅲ . ①企业管理－销售管理 Ⅳ . ① F274

中国国家版本馆 CIP 数据核字 (2023) 第 145225 号

客户价值战略——以终为始的客户终身价值管理

著者：　　陈　军
出版发行：中信出版集团股份有限公司
　　　　　（北京市朝阳区东三环北路 27 号嘉铭中心　邮编　100020）
承印者：　北京诚信伟业印刷有限公司

开本：880mm×1230mm　1/32　　印张：9.5　　　　字数：201 千字
版次：2023 年 9 月第 1 版　　　　　印次：2023 年 9 月第 1 次印刷
书号：ISBN 978-7-5217-5630-2
定价：69.00 元

版权所有·侵权必究
如有印刷、装订问题，本公司负责调换。
服务热线：400-600-8099
投稿邮箱：author@citicpub.com

目　录

序　言　天大地大，价值为大　　V
　　最后一公里的销售决战　　V
　　以终为始：重新思考客户价值管理　　IX
　　升维：构建以客户终身价值为导向的管理体系　　XIII

第一章　客户终身价值战略：从业绩导向到客户终身价值导向　　001
　　先义后利：大义的背后是大利　　001
　　从漏斗式管理到圆形管理　　006
　　1个老客户撬动N个大客户　　010
　　客户的全生命周期管理　　012

第二章　围绕客户价值定标：从短期业绩到客户终身价值　　021
　　衡量客户价值的关键指标：客户终身价值　　021

战略定标：画出十年后的样子　　　　　　　　　024
战术定标："三定三看三做一结合"　　　　　　029

第三章　围绕客户终身价值构建营销组织：覆盖客户全生命周期　　037

营销组织的四宗罪　　　　　　　　　　　　　037
客户全生命周期的大营销组织　　　　　　　　040
市场部：塑造价值　　　　　　　　　　　　　045
销售部：实现价值　　　　　　　　　　　　　058
客服部：深耕价值　　　　　　　　　　　　　072

第四章　锁定高价值客户：从乱枪打鸟到精准锁定　　081

取一舍九：识别高价值客户　　　　　　　　　081
盘清家底：你有高价值客户吗　　　　　　　　083
5A 客户分层分类管理　　　　　　　　　　　　085

第五章　围绕客户终身价值设计产品：从一次性产品到一辈子的方案　　095

产品由客户定义，而不是企业　　　　　　　　095
客户需求的四个层次　　　　　　　　　　　　097
从四层需求到产品矩阵：客户全生命周期服务商　　102
产品价值持续超出客户预期的秘诀　　　　　　104

第六章　围绕客户终身价值建设团队：批量复制营销人才　109
　　批量复制 = 选对人 + 育好人　109
　　低成本批量复制营销人才　117
　　通关五知　120

第七章　围绕客户终身价值创建和管理作战地图　137
　　创建作战地图　137
　　三查系统：销售过程的品质管控　152

第八章　围绕客户终身价值设计激励机制：让五星级员工和客户享受五星级待遇　177
　　价值评价的三个误区　177
　　评什么　181
　　怎么评　197
　　价值网络的延伸：让五星客户享受五星级待遇　216

第九章　围绕客户终身价值做绑定管理：从个人的客户到公司的客户　225
　　守城比攻城更重要　225
　　方法一：层级绑定　229
　　方法二：行业绑定　232
　　方法三：项目绑定　233

　　　　绑定管理的奖罚机制　　　　　　　　　　　　238
　　　　项目团队的管理　　　　　　　　　　　　　　243

第十章　围绕客户终身价值构建服务蓝图：从营销 1.0 到营销 4.0　　253

　　　　从营销 1.0 到营销 4.0　　　　　　　　　　　253
　　　　某酒店的服务方法论　　　　　　　　　　　　261
　　　　构建价值服务蓝图　　　　　　　　　　　　　263

结　　语　企业的成功是客户价值管理的成功　　273

序　言
天大地大，价值为大

最后一公里的销售决战

2023年初，我接受了两家行业头部品牌的邀请，成为它们的营销总顾问。这两家企业都是典型的代理商、经销商类型的企业。为了更好地服务这两家企业，我花了一个月的时间深入调研了一批行动教育的标杆客户，包括欧派、顾家家居、兔宝宝，因为它们的业务模式与这两家企业比较相似。半年间，我还走访了这两家企业的近百家经销商的终端门店，以及它们在乡镇和农村地区的加工厂。

事实证明，只有在现场才能找到真理。深入一线后，我惊讶地发现：中国许多企业的销售决战已经打到了市场的最后一公里，战场已经从城市下沉到了乡镇甚至农村。一言以蔽之，门头即广告，店面即道场，个人即媒体，人人都是元媒体。

在这种新形势下，今天的中国企业面临的市场竞争可谓惨烈，到处都在抢人才、抢客户、抢中间商。一个典型案例是抢夺门头广告位。在调研现场，我亲眼看到某个知名品牌的竞争对手为了抢夺终端渠道，直接问该品牌的零售商："我给你多少钱，你能把门头换成我的品牌？"不难想象，在重利诱惑下，无数零售商选择阵前倒戈。如果该品牌的营销团队没有长期驻扎在一线市场，那就悲剧了——连老巢被端了都一无所知。

这让我想起了经常给企业分享的一个案例。

- A公司是一家拥有1 000名员工的产销一体化企业，其中营销团队有50人，其余人员都属于研发、生产、采购、财务、人力、行政等二线岗位。
- B公司是一家只有100人的贸易型企业，但其中80人都是一线销售人员。

我查看了这两家企业某个月的销售时间轴，研究其销售痕迹，考察它们的营销团队分别在客户那里花了多少时间。

- A公司采用的是月考核——员工只要在本月完成规定数量的动作，就算考核合格。因此在第一周，A公司只有10名销售人员在拜访客户，第二周也是差不多的情况。直到第三周，剩下的40名销售人员才陆续开始拜访客户。
- B公司推行的是周考核——员工每周必须完成一定数量的关键动作，因此从第一周开始，80名销售人员就倾巢而出，全部扑在客户现场。

时间花在哪里，成果就在哪里。最终，B公司一定会反超A公司。

为什么？因为商业竞争比拼的不是哪家公司的员工总数多，而是哪家公司扑在最后一公里的员工更多，哪家公司在客户身上花的时间更长，这样的公司最终创造的客户价值就更大。虽然B公司的规模比A公司的小，但B公司80%的员工都把时间和精力用在营销的最后一公里上。事实上，企业资源越有限，越要将时间和精力聚焦在最后一公里，聚焦在客户身上，不能有丝毫的浪费，这样企业才可能创造以弱胜强的奇迹。

对于经销商、零售商类型的企业而言，它们是靠经销商和零售商来服务终端消费者的，因此它们要服务的直接客户就是经销商和零售商。基于此，企业仅仅驻扎在经销商和零售商那里不足以抵御对手猛烈的炮火，企业还要帮助经销商和零售商成功。因此，企业要清晰地告诉经销商和零售商："我能为你创造对手创造不了的价值，你应该选择我而不是其他公司。"

要想做到这一点，企业就要对客户管理系统进行一场全面变革。今天市场需要的不再是那些只会开拓新客户的营销员，而是赋能型营销员。这是因为不少经销商和零售商都是位于乡镇和农村的夫妻店，它们常常缺乏经营思维，不懂得招人、管人、育人，不懂得如何开发二级网点以及如何服务好终端消费者。这个时候，营销员要有能力为它们赋能，培训它们招人、管人，以及服务好终端消费者。最终，只有经销商和零售商成功了，企业才能成功，只有经销商和零售商做大了，企业才能做大！

这不仅仅是客户管理理念的转变，还是一整套客户管理系统的升级。

　　企业的战略要重塑，过去是业绩导向，思考的是如何赚经销商和零售商的钱，现在要转向客户终身价值导向，帮助经销商和零售商做大，只有它们赚钱了，企业才能赚钱。企业的组织架构要升级，既然要绑定经销商和零售商一辈子，企业就不能只关注开发客户过程中的快速成交，而要在开发前就筛选出那些真正能做大的优质经销商，开发后还要进行驻站式服务，帮助经销商和零售商做好经营和管理，这需要市场部、销售部、客服部共同作战。企业的人才画像要改变，过去营销员要有强大的开发能力，现在营销员要变成经销商和零售商的教练，培训它们更好地招人、管人、育人，培训它们开发二级网点以及更好地服务终端消费者……所以企业的人才画像完全不同了。紧接着，企业对营销员的培训动作也要发生改变，过去企业培训的是员工的销售能力，而现在要把培训的重心放在为经销商和零售商赋能的能力上。企业销售作战地图中的动作要发生改变，过去企业服务客户的关键动作是拜访和开发，而现在要对客户做培训，帮助经销商和零售商做大。企业还要对经销商和零售商进行五星评定，激发它们产生做大的动力，并在双方建立合作关系后，构建相应的绑定机制和价值服务蓝图。

　　也就是说，当销售战争打到最后一公里时，企业就进入了一个新的价值时代：企业的视角要从短期利益转向客户终身价值。而这意味着企业的整个客户管理体系都要升级和重构。反观今天的大多数中小企业，甚至我接触过的不少上市公司，它们并没有真正以客户为中心，许多营销员的思维方式依然是收割经销商和零售商。它们的组织架构没有真正围绕客户的全生命周期来建立，它们没有针对客户建立筛选机制。同时，它们没有基于客户画像来设计产品和组建团队，在成交后也没有建立客户绑定机制并提供相应的高价值服务……

总之，它们没有真正以客户终身价值为导向来建立客户管理体系。这也是我为什么要写本书。

以终为始：重新思考客户价值管理

同样的变化出现在门店连锁型企业身上。近年来，我连续辅导了多家门店连锁型企业，随着对这类企业的深入调研和观察，我越来越强烈地感受到：今天的消费者是人类有史以来最挑剔的消费者。随着数字化和全球化的发展，每个人都可以接触到海量的产品和服务，这导致消费者对企业的要求越来越高。从来没有一个时代的消费者像今天的消费者这样挑剔，从来没有一个时代的消费者对价值的要求如此之高。

一边是越来越挑剔的消费者，一边是越来越白热化的竞争环境，在双重压力下，企业如何才能更好地生存下来？企业需要以终为始，重新思考客户价值管理。

这里我先解释一下什么叫以终为始。在我看来，以终为始是一种哲学观，更是一种思维方式。人与人最大的区别在于思维方式不同：高手的思维方式往往是以终为始，而普通人通常是以始为终。思维方式不一样，结果就会大相径庭。

这两种思维方式有什么不同呢？我认为至少有三点差别。

以终为始是由外及内，而以始为终是由内及外

以终为始是一种从外部视角出发，再回到内部视角的思维方式，而以始为终则是从内部看外部，结合自己的内部情况对问题进行分析。

譬如，同样是做客户管理，以终为始是从客户的角度来审视企业的客户价值管理体系如何搭建才能实现客户终身价值最大化的。因此，它在视角上要超越短期利益，是站在长期客户价值角度思考问题的。然而，大部分企业在思考营销问题时是内部视角，它们把重心放在内部管理上，思考的是如何让销售人员快速成交。这导致大部分企业的方向都打偏了。实际上，企业应该把80%的时间用于外部管理，尤其是客户价值管理，由外及内去看管理。正如现代营销学之父菲利普·科特勒所言："只有通过顾客的眼睛来看待这个世界，企业才能建立持久的、可盈利的客户关系。"

因此，企业一定要有外部视角，一切行为都要从客户终身价值出发：先锁定客户，后设计产品（大多数企业是先有产品，之后再找客户），根据客户画像确定产品画像，否则企业无法真正为客户创造价值，也就无法实现客户终身价值最大化；先锁定客户，后筛选人才，根据客户画像确定人才画像，否则企业招聘的人才都是错的；先锁定客户，后设计流程，根据客户的需求设计服务流程……

以终为始是由远及近，而以始为终是由近及远

以终为始是从终点看起点，从远处的目标看当下的布局，而以始为终则是走一步看一步。一个形象的比喻是：以终为始是

站在山顶往山脚看，上山的路线一览无余、清晰明了，有了目标的牵引，即使途中遇到困难，人们也会坚持走下去；而以始为终是从山脚往山顶看，前路一片迷茫，人们遇到困难就很容易放弃。

也就是说，以终为始从一开始就着眼于远处，着眼于未来：企业想飞多高、飞多远？这样企业的视野和格局就拓展了。"时间之上即视野，空间之上即格局"，假设从时间维度看，企业的目标是十年内成为国内行业第一；从空间维度看，企业的目标是十年内打入国际市场，与世界标杆竞争。有了十年后的画像，企业就可以按照十年后的样子来布局今天的作战地图。为了达成这个目标，企业要整合哪些资源？而企业现在可能还没有这些资源，怎么办？不要怕，缺什么，补什么。中国古典哲学告诉我们：万物皆备于我。一切资源都可以整合，企业最终一定能变成自己想成为的样子。

相反，一个以始为终的企业只会根据当下的资源，按部就班地往前走。当一个人的格局和视野没有打开时，他不会想到整合资源，不会想到当下就要为未来布局，这就是区别。

以终为始是从高到低，而以始为终是从低到高

以终为始意味着企业从一开始就要制定高标准。什么叫以终为始？终点就是起点，企业要以终点的标准来要求自己，一开始就择高而立，设定高标准。

企业想成为世界第一，就要以世界第一的标准要求自己：锁定第一客户，设计第一产品，建立第一团队，匹配第一管理，制

定第一流程……企业的标准从一开始就要向世界第一看齐。

而以始为终是什么逻辑？企业一开始制定的标准就很低。为什么是低标准？因为它先盘点了自己手里有多少人，有多少资源，之后据此推测自己只能干多少事，定什么标准。这种企业永远做不大，因为商业的规律是高标准的企业干掉低标准的。

曾经有人问我："陈老师，你说企业从一开始就要制定高标准，难道要去招聘全球第一的人才吗？如果是这样，那成本也太高了！"我的答复是："企业不一定非要招聘全球第一的人才，这些是老鹰，企业可以找小鹰。小鹰还没有那么高的成本，但这些小鹰的标准也很高，它们也是从半山腰起飞的，也渴望成功。企业要找这样的人，千万不要降低标准找麻雀、苍蝇，否则永远都做不大！"

最后你会发现：战略就是企业选择的标准，是基因，而标准会决定终局。企业选择什么、相信什么，就会得到什么。

因此，在今天这个时代，企业要用以终为始的思维方式来看待客户价值管理：要由外及内进行思考，从企业视角转向客户视角，即便是思考内部管理问题，也要从客户价值出发；要由远及近进行思考，先锁定客户长期价值甚至终身价值，再考虑当下的布局能否支撑目标的达成；要从高到低进行思考，一开始就要以世界第一的标准要求自己，制定第一战略和目标，锁定第一客户，设计第一产品……

一言以蔽之，客户价值管理的本质就是以终为始进行思考：如何才能实现客户终身价值最大化？

序　言　天大地大，价值为大

升维：构建以客户终身价值为导向的管理体系

如果用终局思维来审视今天的布局，那么企业的最终目标是实现客户终身价值最大化。基于这个目标，我们再来思考：企业到底需要做什么才能实现这个目标。当明白了未来要走向哪里时，企业的思维方式和行为方式就会发生变化。

也就是说，当企业的一切都围绕客户终身价值，即客户在与企业合作的全生命周期内创造的总收入，这个成果来抓时，企业就要重新梳理客户价值管理的底层逻辑，构建一套以客户终身价值为导向的管理体系。这是一个长期的、战略性的、系统性的工程。企业不能简单地将其理解为一种理念或价值观的转变，而是要对整个客户价值管理体系进行系统升级："价值战略—价值目标—营销组织—锁定客户—产品设计—团队建设—作战地图—激励机制—绑定管理—服务蓝图"，全部都要围绕客户终身价值这个成果来思考和设计。

价值战略：从业绩导向到客户终身价值导向

传统企业对营销战略的理解是业绩导向，即努力把产品卖出去，这种导向是以企业的利益为出发点和落脚点的。但是，企业想要业绩，客户就会给订单吗？不会。

客户凭什么选择你？因为你为客户提供的价值高于对手所提供的价值。遗憾的是，这听起来简单，做起来却很难，因为这是违反人性的。我们不得不承认：业绩压力、对于失败的恐惧等，都极其容易让人选择追求短期业绩。因此，最难的是坚守为客户创造价值的初心，对抗短期业绩压力，克服人性的自私，从利己走向利他。这不是道德说教，而是因果定律。

业绩是结果，价值是真因。企业要先为客户输入价值，然后客户才会输出业绩。也就是说，企业的客户管理要关注的不是短期业绩，而是为客户输入价值的过程，业绩只是自然而然产生的结果。最终，企业要通过利他达成利己，这在客观上是为了客户，但在主观上是为了自己。

理解了这一点，企业就会明白，要想获得大业绩，就必须切换到客户视角：把客户价值上升到战略高度，以此牵引后续的目标设计、组织架构调整、资源配置……唯有如此，"为客户创造价值"才不会是一句人人都会喊的空话，企业的每一个岗位、每一个动作都围绕客户终身价值来设计，从而建立一套完整的客户终身价值管理体系。

遗憾的是，在调研企业时，我发现大多数企业都脱离了客户终身价值这个锚点，它们通常是为了招人而招人，为了培训而培训，为了管理而管理。

价值目标：从短期业绩到客户终身价值

过去大多数销售团队只会设定一年的短期业绩目标，而现在它们要思考如何提升客户终身价值。这意味着企业要保证客户对其产品和服务的满意度始终高于竞争对手的，这就倒逼企业用高标准来要求自己。

因此，企业必须设定高目标，比如十年内超越行业标杆，成为行业第一。从这个角度思考，企业在设定目标时不能从短期目标入手，而是要以终为始倒推：首先画出十年后的样子，并根据长期战略目标倒推出五年、三年、一年的目标；其次，验证一年的短期目标能否达成，这涉及对资源的一一盘点——先锁定客户，再根据客户锁定产品；最后，根据客户画像和产品画像锁定团队，确保客户、产品和团队保持较高的匹配度。

营销组织：覆盖客户全生命周期

我经常和企业家探讨一种现象：企业很容易把关注点放在局部，比如大多数企业最关心的是销售部，并把80%的精力放在"成交中"，对于成交前和成交后的工作，最多投入20%的精力。如果企业只关注"成交中"这个局部环节，那么这会带来什么问题？成交前，由于没有针对客户需求研发产品和方案，销售人员只能和对手拼价格；成交后，由于缺乏对客户的绑定管理，客户始终做不大，甚至逐渐流失了。

因此，企业要想实现客户终身价值最大化，就要围绕客户的全生命周期来建立大营销组织，将营销部门一分为三：市场部负责成交前的价值塑造；销售部负责成交中的价值实现；客服部则负责成交后的价值深耕。具体方法我将在第三章展开阐述。

锁定客户：从乱枪打鸟到精准锁定

企业要想实现客户终身价值最大化，就必须先为客户创造长期价值，二者是一体两面、相辅相成的。然而，企业为客户创造长期价值的每一个动作都会产生成本，这决定了企业不可能为所有客户创造长期价值。因此，客户价值管理的首要问题是，筛选出企业的终身客户。企业要明确自己应为谁创造长期价值，然后将资源聚焦在这些少而精的高价值客户身上。

然而，在服务企业的过程中，我发现很多企业在开发客户时很随便，根本没有客户画像。试想一下，如果没有客户画像，企业从一开始就没有瞄准目标，那么打出去的子弹不都浪费了吗？因此，企业如果想让投入的每一分钱和每一分钟都能产生最大的价值，就必须精准锁定客户。

产品设计：从一次性产品到一辈子的方案

在锁定客户后，企业接下来就要为客户设计产品和方案了。但是，大多数企业的理解是"先产品、后客户"，这是一种典型的内部视角：企业有什么，销售人员就卖什么。这种企业并没有真正关注客户价值，它们不是在为客户提供与其匹配的产品，而是在为产品发现合适的客户。

如果企业的目标是实现客户终身价值最大化，那么其设计产品的思路就变了：不是研究卖什么，而是研究客户要买什么。从客户的全生命周期来看，企业不可能用一种产品就解决客户的终身需求，因此，要想留住客户，企业必须为客户提供组合方案，而不是一次性产品。

从一开始，企业就要按照一辈子的思路来为客户规划产品：第一年提供什么产品，第二年怎么服务，第三年怎么服务……虽然在实际合作的过程中，有些客户不一定能陪企业走到终点，但是，企业一旦采用以终为始的思维，它与客户的合作时间就会更长，关系也会更密切。许多中小企业的通病是，只管把客户开发进来，不重视对客户的管理与深耕，也没有持续为客户研发产品和服务方案，所以它们做不到与客户保持长久关系。

团队建设：批量复制营销人才

客户终身价值是人创造的，因此，企业需要批量复制营销人才。这包括两个步骤：一是选种，根据客户画像和产品画像锁定员工画像，找到高潜质人才；二是将选好的种子快速培养成才，让这些人才具备使客户终身价值最大化的能力。

然而，现实中大部分企业的营销人员都是自生自灭，有些企业即便安排了培训，也普遍存在两大硬伤：一是培训内容没有针对性，只是为了培训而培训，没有从客户终身价值出发，研究员工需要掌握哪些能力；二是培训方式过于低效，大多以授课为主，没有形成一套可以高效提升员工能力的方法论。关于这个问题，我会在第六章展开阐述，为大家介绍一套可以快速提高员工能力的通关体系。

作战地图：抓好服务过程的品质管控

作战地图本质上是实现客户终身价值最大化的路径图。传统企业由于是业绩导向，大多只关注销售结果，极少关注销售过程。然而，没有好的过程，就没有好的结果。因此，要想实现客户终身价值最大化，企业必须从结果导向转向因果导向。

什么是因果导向呢？企业要对销售过程进行管理，这包括两个关键动作：一是设计销售作战地图，为不同客户匹配相应的资源和销售动作，这可以帮助员工梳理达标路径；二是在员工执行作战地图时做好销售过程的品质管控，品质管控不仅仅是跟进销售过程，还包括做好帮扶管理，为销售人员扫除成交路上的障碍。

激励机制：让五星级员工和客户享受五星级待遇

为了激励员工和中间商持续为客户创造价值，进而实现客户终身价值最大化，企业必须设计对内（员工）、对外（中间商）的激励机制。

这件事从哪里开始呢？从价值评价开始。

企业首先要设计一套科学的评价标准，引导所有人的行为都以客户终身价值为导向，然后将价值评价和价值分配挂钩，按照价值评价的结果来分配内部资源，包括员工的薪酬和晋升以及对中间商的各类政策倾斜等，同时企业可以用这个结果约束员工和中间商，将评价结果与降级、淘汰等挂钩。

绑定管理：从个人的客户到公司的客户

客户成交以后，企业还要做好绑定管理，安排专门的客服团队来监测客户现在和未来可能产生的需求，在第一时间捕捉客户需求的变化，并调动所有资源满足客户的需求。

很多人都知道，企业最终是靠老客户赚钱的，因为新客户的开发成本很高。但奇怪的是，现实中大部分企业仍然会将80%的精力放在开发新客户上。几乎每家企业都有专人负责开发新客户，但是，如果老客户流失了，那么没有人需要为此负责。这就是经营当中存在的一个悖论。

事实上，企业如果不能阻止老客户的流失，就好比在给一个漏水的池子加水，加再多的水，池子都很难灌满。因此，企业只有对老客户做好绑定管理，才能真正堵住这个缺口，并把池子里的老客户越做越大。

服务蓝图：从营销1.0到营销4.0

绑定管理的目的是留住客户，而要想真正留住客户，企业必须为客户设计一张完整的价值服务蓝图。针对不同级别的客户，采用什么样的服务模式，匹配什么样的服务团队，设计什么样的服务清单，是企业必须回答的问题。

最终，只有当企业为客户创造的价值超出客户预期时，客户才会重复购买，并为企业转介绍更多的新客户，从而形成"新客户—老客户—大客户—新客户（转介绍）"的超级闭环。

在调研企业的过程中，我发现许多企业都会把"客户价值"挂在嘴边，把"以客户为中心"挂在墙上。但是，真正把这种观念内化到经营管理中的企业凤毛麟角。甚至不少企业都表达了类似的困惑："我们投入大量资源招聘业务团队、培训业务人员、唤醒员工的狼性，然而资源投入进去了，员工也非常努力，为什么业绩却始终停滞不前甚至下滑呢？"究其根本，还是因为这些企业没有真正从客户终身价值出发，没有形成一套上下贯穿的客户终身价值管理体系，没有打通从战略到执行的一致性。

要想真正做好客户价值管理，企业从顶层战略设计到管理的落地执行，每一个动作、每一个细节都要以客户终身价值为本。本书将围绕上述十个话题，手把手教企业搭建一套真正的客户终身价值管理体系。

第一章
客户终身价值战略：
从业绩导向到客户终身价值导向

先义后利：大义的背后是大利

我经常和企业家探讨：你们公司的战略是什么？得到的答案无外乎两种：一种是把业绩目标当成战略，比如"十年内干到百亿元"；另一种是把公司愿景当成战略，比如"我们要成为某个行业的领导品牌"。这些都不是战略。

战略是什么？战略是方向，是导航，是路径。战略解决的是企业要去哪里以及怎么去的问题。一旦战略制定错了，企业怎么走都是南辕北辙。譬如，上文的两类企业都犯了方向性错误：它们都是以自己的利益为出发点的。与之形成鲜明对比的是，很多世界500强企业都是站在客户的角度来思考问题的。

- 沃尔玛——顾客永远是对的。

- 通用汽车——对客户充满狂热的激情。
- 埃克森美孚——我们的成功源于持续满足客户不断变化的需求。
- 惠普——提供顾客负担得起的高品质产品。
- IBM（国际商业机器公司）——以人为核心，向用户提供最优质的服务。
- 麦当劳——品质、服务、清洁和物有所值，为顾客带来欢笑。

为什么前文的那两类企业没有形成这样的认知呢？这大概是因为过去的成功经验误导了它们。在改革开放初期，中国处于产品稀缺阶段，那时候凭借"攀关系"和销售技巧成功的人不在少数。40多年来的成功经验和时代机遇，很容易把这些企业引入歧途：哪里有机会就往哪里钻。这使得许多人以为只要"请客吃饭拉关系"，企业就能做大。

今天时代变了，随着全球市场竞争的白热化，经营企业不再靠"请客吃饭拉关系"，这些都是第二位的。排在第一位的是，企业的产品和服务要为客户创造价值。正如管理学大师彼得·德鲁克所言："企业是社会的器官，它只有为外部环境做出自己的贡献，才能有所成就。"一家企业的成功，不在于它占有了什么，而在于它贡献了什么。只有大价值才能带来大生意，如果企业没有创造大价值，那么它的百亿目标就是空中楼阁。

战略这条路最终指向哪里？它的方向不能偏离企业的目的，不能偏离经营的本质。

企业的目的是什么？彼得·德鲁克的回答是创造客户，更明确地说，是创造客户想要的价值。因此德鲁克一直强调：企业的目的在外不在内。

经营的本质是什么？营销学大师菲利普·科特勒曾说："营销管理是选择目标市场并通过创造、传递和沟通卓越的客户价值，获取、维持和发展顾客的艺术和科学。"在《市场营销》一书中，科特勒写道："负责任的市场营销人员会发现消费者想要什么，并提供相应的产品和服务，为购买者创造价值，以便获得利润回报。这种市场营销理念是一种关于客户价值和互利的哲学。"

这让我回忆起自己在2019年的一段东京游学经历。当时，长期研究日本长寿企业的后藤俊夫教授问了我们一个问题：为什么日本那么多百年企业都能传承下来？他认为，一个原因是日本商界学习和传承了中国的儒家思想。其中最具代表性的人物是日本近代实业家涩泽荣一，他在91岁高龄时写了一本书《论语与算盘》，提出了义利合一、以义取利的经营理念。而这种理念的源头可以追溯到中国儒家学派，儒家学派历来主张重义轻利、先义后利、取利有道。

- 孔子云："君子喻于义，小人喻于利。"
- 孟子云："生亦我所欲也，义亦我所欲也；二者不可得兼，舍生而取义者也。"
- 荀子云："先义而后利者荣，先利而后义者辱。"

这些思想恰恰揭示了商业的底层逻辑就是先义后利，而不是先利后义。如果我们把焦点放在追逐利润上，那么经营中会有得失、有算计、有盈亏……这会让人纠结、愤怒、惋惜、贪婪，甚至产生仇恨情绪，会让人与人之间的关系陷入钩心斗角。譬如，企业为了短期利益而牺牲客户的利益、上下游合作伙伴的利益，这最终导致企业只能昙花一现，无法持续发展。

相反，当把焦点放在追求义上时，我们就会很容易感到幸福。因为人是万物之灵，人有精神追求，人需要意义感，需要被认可、被尊重，需要自我实现。意义感来自哪里呢？来自我们对他人的付出、奉献和帮助。当一个人懂得付出、尊重和爱时，他就找到了生命的价值，得到的是心灵的幸福和喜悦。因此，先义后利其实是上天送给我们最好的礼物，它能让我们更幸福、更成功、更平安、更智慧……

义的背后是什么？义的背后就是利，大义的背后是大利。我们只有看清楚这个本质，才能接近商业的大道。也许一位老板创办企业的初衷是赚钱，但并不是他想赚钱就能赚到钱。因为商业的本质是交换：当企业通过产品和服务为客户创造价值后，客户才会给企业带来回报，企业才能真正赚到钱。也就是说，赚钱只是结果，创造价值才是通向持续赚钱的唯一捷径。从这个角度看，企业的使命就是为客户创造价值。

因此，企业必须坚持客户终身价值战略。客户之所以成为企业的终身客户，是因为企业舍得为客户付出。先舍后得，大舍大得，小舍小得，不舍不得。企业要先付出，先成就客户。

在中国企业走向国际舞台的关键时期，企业更加需要这种高度和格局，而这种高度和格局的背后，其实就是我们老祖宗所推崇的"仁义礼智信"。其中，排在前两位的是"仁"和"义"。众所周知，中华文明是全世界唯一一个没有中断的文明，这说明"仁义"可以让我们的企业做得更长久，其本质是一种长期主义哲学。

因此，义的本质就是为别人创造价值，而最大的价值就是帮助别人实现自我，帮助别人成功。最近我的感悟特别深，我辅导的一家经销商类型的企业就拥有典型的先义后利思维，它始终坚信：只有终端用户成功了，零售商才会成功；只有零售商成功了，经销商才会成功；只有经销商成功了，企业才会成功。基于这个逻辑关系，企业就不能只考虑如何赚经销商的钱，而是要想办法帮助它们赚钱，然后经销商再想办法帮助零售商赚钱，零售商再想办法成就终端客户，让终端客户享受最好的产品和服务，这就是先义后利带来的连锁效应。其他类型的企业也要遵循相似的逻辑，想办法成就客户、成就员工，让客户和员工成功，这样才能真正实现基业长青。

为什么许多企业做不大？这是因为它们追求业绩导向，而不是价值导向，追求自我导向，而不是客户导向。企业一旦以业绩为导向，以自我为导向，就很容易为了短期业绩而牺牲客户的长期价值。这会让企业的战略出现方向性错误，因为战略解决的是企业去往哪里的问题——实现业绩第一还是客户价值第一？

如果企业选择业绩第一，那么这说明它选择了先利后义，选择了以自己的利益为出发点。这会导致企业的使命、愿景、价值观都偏离客户价值这个原点，最终它很难做大。而当企业选择先义后利，选择客户价值第一时，它会因义得利。因为企业成就了客户，客户会反过来给予企业利润，这样的企业反而更容易做大。

企业如果不升维格局，就无法超越自我利益，也无法从利己转向利他、从业绩导向转向客户价值导向，从而很难真正做大。诚如日本经营之神稻盛和夫所言："企业家需要思考企业存在的意义，做企业要唤醒人性的光辉和善，而不是利用人性中的恶。自利则生，利他则久。"

一言以蔽之，企业为客户创造价值是因，客户回馈企业长期利润是果。企业只有先想清楚如何在因上努力，才能保证拿到果。相反，如果企业一上来就想抓住果，却没有考虑如何为客户创造价值，那么这个果就是空的。因此，企业要想成功，只有一条捷径——先义后利，成就客户，为客户创造价值。企业如果想让成功更持久，就要持续为客户创造价值，并永远走在这条路上。

从漏斗式管理到圆形管理

我经常看见不少企业把"客户价值"挂在嘴边，把"以客户为中心"挂在墙上，但鲜有企业真正从客户的视角来思考问题，它们也没有将客户终身价值上升到战略的高度。为什么？因为这些企业在本质上还是以短期业绩为导向，而不是以客户终身价值为导向的。

如何判断一家企业是否以客户终身价值为导向呢？我们只需要观察一个细节：这家企业有没有把老客户当作最重要的战略资源，它是否想把重要客户都变成终身客户？一个真正坚持以客户终身价值为导向的企业，一定会想方设法把客户做"老"。因为客户与企业合作的时间越长，说明企业为客户创造的价值越大，则客户回馈给企业的价值也越大。

因此，真正聪明的企业一定不会做一锤子买卖，而是做长久的生意。它不仅关注流量入口的新客户，还关注对老客户的维护和深耕。因为只有维护好老客户，让老客户第二次、第三次购买产品，企业才能省下大量流量成本。

营销学大师菲利普·科特勒在其经典著作《市场营销》中，用一个真实的故事来诠释客户终身价值给企业带来的经济效益。

一位老板在美国经营连锁超市，他的4家分店分布在美国的纽约州和康涅狄格州。他说，每当看到一位生气的顾客，他就像是看到5万美元从他的超市飞了出去。为什么？因为他的顾客平均每周消费100美元，按照一年50周、一位顾客一般消费10年来算，那么当顾客因为不满意而转向其他超市时，他的超市大约会损失5万美元的收入。如果这位顾客将负面口碑传递给他的家人或邻居，那么超市的损失会更多。因为美国消费者协会调查发现：如果客户对某项服务或者某个产品不满意，那么他至少会向11个人抱怨；同时，如果客户对产品或者服务高度满意，那么他至少会向5个人做出推荐。

我经常告诫企业：不要和客户"一生一次"，而是要一生一世。企业争取到的任何一个客户都不能流失。如此一来，只要持续积累、沉淀，企业的终身客户就会越来越多，之后企业不仅要将这些客户越做越大，还要让他们为企业推荐新客户，最终形成一个客户发展的圆形闭环。

什么是客户发展的圆形闭环？这是我从《黄帝内经》中借鉴过来的哲学理念。中国古代先贤认为，宇宙万物的生命运动形式都是圆形。所谓圆形运动，是指首尾相连、周而复始、循环往复的运动、变化形式。比如，《老子》中的"道"就是循环发展的圆形之道；太极图作为易学的代表图式，反映了宇宙万物的圆形运动规律。这种思想与客户终身价值管理的逻辑是相通的。

一个健康的企业应该这样发展客户：当销售人员将新客户开发进来后，企业要通过为客户创造价值来留住客户，将新客户变成老客户；接下来，企业要深入挖掘老客户的深层次需求，通过研发新的产品，将老客户越做越大；一旦老客户对企业非常满意，他就会反过来为企业做转介绍，带来更多新客户。这样企业就开启了"新客户—老客户—大客户—新客户（转介绍）"的循环。最终，不仅老客户越做越大，企业还能有更多新客户。

反观今天的大部分中小企业，它们做的不是圆形管理，而是漏斗式管理。这些企业将大部分精力放在开发新客户上，但由于缺乏客户终身价值管理，用不了一两年，企业好不容易才开发进来的客户都会流失。这种现象被我称为漏斗式管理。漏斗式管理就像是一边给池子加水，一边让池子漏水。当漏水速度超过加水速度时，业绩不升反降。

从漏斗式管理到圆形管理，这是认知上的跃迁，是一种思维方式的转变（见图1-1）。美国哲学家梭罗曾经说过："一棵邪恶的大树，砍它枝叶千斧，不如砍它根基一斧。"行为和态度是枝叶，思维方式是根基。企业只有改变了思维方式，才会让经营结果产生根本变化。

第一章 客户终身价值战略：从业绩导向到客户终身价值导向

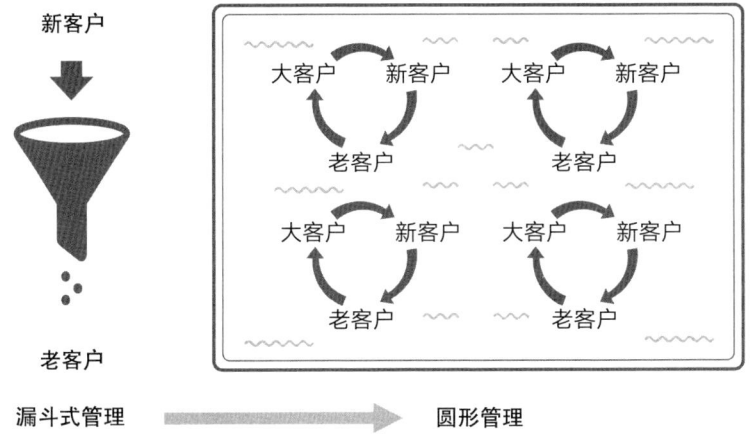

图1-1 从漏斗式管理到圆形管理

认知决定思维，思维决定行为，行为决定结果。为什么有的企业最初的发展势头很猛，但之后始终停滞在几亿元甚至几千万元的规模，而有的企业可以一直发展到几百亿元甚至上千亿元的规模呢？这是由企业的认知和思维方式决定的。如果老板和高管对客户价值管理的认知从一开始就犯了方向性的错误：以业绩为导向，只关注新客户开发，而忽略了客户终身价值管理，那么这会导致老客户沉淀不下来，企业无法将客户越做越大，更不可能获得更多新客户（转介绍），最后企业只会越做越累。

今天我们身处移动互联网时代，人人都在谈流量思维，仿佛流量就等于增长。实际上，企业如果无法将流量留存下来，也没有将其转化为老客户，沉淀在客户池中，就不可能实现利润增长。

《营销管理》一书披露过一组研究数据：企业争取一位新客户的成本比保留一位老客户的成本高5倍。在竞争越来越激烈的当下，争取新客户的成本只会越来越高，这说明未来企业的利润一定来自老客户，新客户只是入口。新客户的投入周期长，开发成本高，企业很难通过一次性交易就获得利润。只有越来越多的老客户沉淀下来，并且成为大客户，企业才会越来越轻松，因为它从根本上解决了效率问题。

终身客户的高效率体现在哪里？一是复购率，客户都有持续消费的意愿和能力，企业需要的不是客户的一次性消费，而是客户一辈子的消费；二是转介绍率，企业可以通过老客户的转介绍来降低新客户的获取成本，提高开发新客户的成功率。

1个老客户撬动N个大客户

也许是幸运，我刚大学毕业，就尝到了老客户带来的甜头。

时间拉回到20多年前，那时我刚刚走出大学校门。与大多数同学不同，我没有选择"铁饭碗"，而是选择了自己感兴趣的工作——销售，成为一家知名乡镇企业的业务员。在那个野蛮生长的年代，企业根本没有客户价值管理。我虽然是老板非常看重的大学生，但也被丢到江西市场自生自灭。公司总部没有提供客户名单，也没有安排培训，我就这样懵懵懂懂地踏上了销售之路。

半年内，我跑遍了当地89个县。为了快速出业绩，我经常一天辗转两三个县。当地山路居多，并且坎坷艰险，我不仅每天满身尘土,还在半年内遭遇了两次车祸,险些丢了性命。然而,上天并没有因为我的勤勉而眷顾我,三个月过去了,我还是一辆摩托车都没有卖出去。

我的第一个客户是宜春市高安地区的一位摩托车经销商,我上门拜访了他7次,他都不搭理我,我只好另辟蹊径。功夫不负有心人,我打听到这位客户有两个孩子,且数学成绩都不太好。恰好我在大学学习的是数学专业,于是主动提出为他的两个孩子补习数学。一周后,这位客户同意先提10辆摩托车试试,产品试销的反响不错。

历经千辛万苦,我才开发了一位客户,自然将其视若珍宝。虽然这家车行有自己的销售团队,但我经常亲自上阵帮客户卖车。一来二往,我们的交情就深了,后来他甚至邀请我留宿在他家里。

今天回头来看,其实当时市场上有不少知名的摩托车品牌。客观地讲,我们品牌的竞争优势并不明显,甚至落于下风。为什么客户还愿意帮我呢?这在本质上是因为我的服务感动了他。后来,他先后为我转介绍了7位经销商朋友。

尝到了优质服务的甜头,我如法炮制,继续为这7位客户提供更优质的服务。功夫不负有心人,这7位客户每人又为我介绍了7位新客户……半年下来,我从1个客户拓展到56个客户。我至今还记得,那一年全公司的销量只有7万台,而我一个人就卖掉了5 000台,成功拿下了公司的销售冠军。

1∶56,这就是客户终身价值战略带来的杠杆。虽然我当时并不知道什么叫客户终身价值战略,但冥冥之中我却在用这个逻辑服务客户。我把每个客户都当作一辈子的朋友，为了维持一辈子的朋友关系，我竭尽全力为他们创造价值。迄今为止，我依然和许多20多年前的老客户保持着联系。

这就是为什么营销圈流行一句话：宁做老客一个，不做新客十个。企业的客户越"老"，它的效率就越高，投入产出比就越大。对于企业而言，客户终身价值战略的最高境界是用客户管理客户——通过优质服务，实现客户推荐客户、客户说服客户、客户维护客户，最后把客户变成企业的超级销售和超级客服。

因此，企业从一开始就要锁定客户终身价值。一旦企业把客户终身价值当作战略的终点，它的格局就会足够大，管理行为也会发生变化——不会为了短期利益而损害客户价值。每进行一个动作，企业都会追问自己：这个动作能不能创造客户终身价值？

客户的全生命周期管理

每家企业都希望客户能与自己成为一生一世的老朋友。但是，客户不会无缘无故变"老"。如果企业没有持续为客户创造价值，没有围绕客户的全生命周期进行客户终身价值管理，那么客户随时随地都可能"用脚投票"。因此，企业的任务就是尽可能地延长客户的生命周期。

反观大部分中小企业，其最大的问题就是没有长远思维，没有维系终身客户的意识，没有形成对客户全生命周期的认知。如果企业的思维方式是一次性生意思维,即把客户当作韭菜,先割一批再说,不考虑明天、后天的销量,那么其后续所有动作都会出问题,比如更关注如何把货卖出去,遇到售后问题能拖则拖、能赖则赖。当企业把售后管理视为成本时,客户很快就流失了。

要想改变这种状况,企业必须从短线思维转变为长线思维,围绕客户终身价值进行战略规划:客户的生命周期分为几个阶段?每个阶段应该匹配哪些资源?如何改造企业的组织结构?如何围绕客户的生命周期设计业务流程?要想梳理清楚这些问题,企业首先要对客户的生命周期有一个直观的了解。

从锁定客户开始,企业可以将客户的生命周期分为三个阶段:客户获取(生)、客户发展(活)、客户保留(久)。其中,每个阶段都要重点关注三个关键节点(见图1-2)。

客户获取(生)	客户发展(活)	客户保留(久)
客户识别	客户服务	客户异动
客户开发	客户增长	客户淘汰
客户启动	客户维护	客户赢取

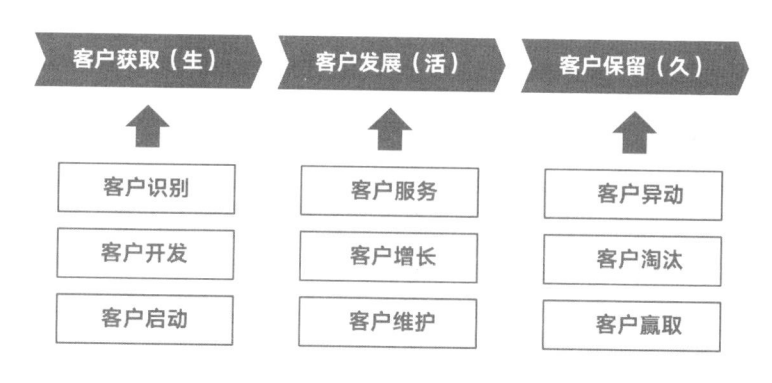

图1-2 客户的全生命周期管理

生：客户获取

任何一个客户的诞生都要经历三个关键节点：客户识别、客户开发和客户启动。

客户识别

企业经营的本质是以最少的资源获取最大的回报。企业的资源越少，越要用在刀刃上，用在最能带来回报的高价值客户身上。因此，客户全生命周期管理的第一步是进行客户识别，即筛选出那些拥有终身客户基因的客户，使客户画像更精准。

客户开发

在瞄准目标客户后，企业还要对客户进行分层分类管理，针对不同的客户，组建不同的开发团队，建立不同的标准化开发流程。也就是说，从客户开发开始，企业就要对客户进行分层分类管理，按照客户的等级，为其安排相应的开发团队，提供相应的服务，包括拜访次数、联系频率、节假日买赠、打折优惠等，这些都要严格按客户的级别标准执行。

客户启动

客户启动是指客户一旦被开发，企业就要给予客户一个正式的身份编码，将其当作终身客户来服务，并安排客服人员跟进。每一个员工进入公司，都会获得一个工号，可是客户进入公司，你有给客户一个身份编码吗？

企业要有守住客户一辈子的理念，从客户进入公司的第一天开始，客服部就要为其建立客户终身档案。我看到现在大多数企业都在建客户档案，但几乎都只是简单记录了名字、电话、地址、微信号和生日信息。由此可见，它们建客户档案的目的只是与客户保持联系。但实际上，企业如果只收集这些基本信息，那么几乎等于对客户的需求一无所知。本质上，客户终身档案可以帮助企业跟踪客户的需求，以便企业针对性地为客户提供更好的产品和服务。

比如，当某位老客户进店后，店员可以立刻查询：他在我们公司消费了多少次？消费了什么产品？有什么个性需求？还有哪些未被挖掘的隐性需求？最终，企业通过了解和研究客户，发现客户的个性需求和隐性需求。在此基础上，企业可以对内部资源进行合理配置，以便精准营销。

活：客户发展

经过了生的阶段，企业接下来就要考虑如何让客户活下来，如何把客户越做越大。客户发展阶段也包括三个关键节点。

客户服务

企业要针对不同级别的客户，建立相应的服务流程，就像酒店的白金卡、金卡、银卡一样，不同客户享受不同级别的服务。以顺丰为例，对于任何一个客户，顺丰都能做到有两个以上的员工关注他。同时，为了提高资源利用率，企业应对大小客户进行分层维护：小客户绑定呼叫中心，大客户绑定专项客服。对于小客户，企业可以将其全部纳入终身会员制管理系统，对不同的会员给予不同的权益，这些都可以在App（应用软件）里看到；对于大客户，企业可以安排专门的项目团队为其提供一对一服务。

客户增长

客户增长解决的是如何把客户做大的问题。

企业每开发一个客户都要耗费大量资源，如果企业好不容易将客户开发下来，却无法从客户那里持续挖掘更多的价值，那么对企业来说，这位客户的投入产出比不高。因此，企业还要对客户进行二次开发甚至多次开发，挖掘客户更深层次的需求，并为新需求提供新产品和新服务，进而将客户规模越做越大。

遗憾的是，传统企业经常陷入"一招鲜，吃遍天"的认知误区，它们经常忽略客户需求的变化。事实上，随着市场的变化，客户需求一定会变化。这意味着企业必然要对客户进行二次开发，甚至企业从一开始就要设计好在不同阶段推出不同的产品：客户进来的第一年，企业提供什么产品和方案？第二年提供什么产品和方案？第三年呢？……

总而言之，企业只要发现客户的需求更新了，就要立马对接客户的新需求，由市场部牵头研发新产品或增值服务。只有这样，客户才可能越做越大。

客户维护

客户维护也要遵循分层分类管理。对于小客户，企业要建立基础的日常维护流程；对于大客户，企业需要对其进行绑定维护，并按照不同层级为客户构建一套标准化的价值服务流程。以顺丰的客户维护为例，顺丰的客服部分为两个部门：基础客服和VIP（贵宾）客服。中小客户全部由基础客服维护，而那些月快递费超过10万元的VIP客户，每月由专人上门维护。一旦VIP客户进行投诉，企业在第一时间就要派专人受理。

久：客户保留

美国贝恩公司的调查显示：在商业社会中，客户留存率保持5%的增长意味着企业利润会有30%的增长，同时企业把产品卖给老客户的概率是卖给新客户的3倍。然而在现实中，大部分企业往往更重视对新客户的开发，而忽略了对老客户的留存。实际上，即便企业开发新客户的能力很强，若老客户留不下来，企业的利润增长也会非常困难。这就好比往池子里蓄水，如果进水口很大，出水口也很大，池子里的水位就很难上升。

因此，客户保留就是堵住出水口。尤其是在竞争越来越激烈的当下，企业应该将更多的精力放在客户保留上，整个客户保留阶段可以细分为三个关键节点。

客户异动

当客户出现异动时，许多企业都反应迟钝，这是管理上一个很大的疏漏。我在一线做管理时，每个月都要求客服部提交一份《客服月报》，详细分析当前重要客户的动态：在过去的一个月中，有多少客户处于预警状态？有多少客户出现异动？有多少客户流失了？有多少客户的业绩在下降？……总而言之，企业必须设计一套客户异动发现机制。

客户淘汰

每家企业都有好客户，也有坏客户。这些坏客户不仅无法对企业的增长贡献价值，还可能占用大量资源，因此企业应主动对坏客户进行淘汰。当客户产生坏账或涉及其他违规情况时，企业要及时向客户发出淘汰通知。

客户赢取

任何事物都无法逃脱周期规律，每一次繁荣必然伴随着萧条与低迷。客户进入成熟期，就意味着衰退的开始，这是天道。天道难违，因此企业必须思考如何延长客户的生命周期，如何开发客户的第二曲线。

因此，当发现客户出现异动后，企业要马上启动挽留机制。比如召集营销、产品、技术等部门开会，寻找客户出现异动的原因，并商讨挽留客户的具体措施，以激活客户。

如果客户的某些需求发生了变化，那么企业要及时更新客户的需求，并提供与之匹配的产品或增值服务。任何成功的产品都会过时，当产品与客户的需求不匹配时，企业要及时更新自己的产品，而不是死守一个已经衰退的产品。企业要找到新的需求、新的产品、新的动力，并推动客户进入下一个生命周期。

如果运营部出现了问题，那么企业要优化运营部的服务流程。如果客户关系维护不到位，那么客服部和销售部要思考如何进一步深化客户关系。

举个例子，某企业开发了一个大客户——一家大型汽车主机厂，在审阅客服部提交的维护报告时，企业发现该客户的业绩连续两个月下滑。于是，企业迅速召集相关部门开会，研究对策。经过调研分析，企业找到了业绩下滑的原因：原来这家主机厂的业务发生了变化，它的需求也发生了变化，企业现有的服务无法满足其一部分需求，于是该主机厂把一部分业务转交给了市场上能够满足其新需求的企业。为了将客户重新赢取回来，市场部专门为这家主机厂研发了几项增值服务。

在快速变化的商业环境下，企业面临的挑战众多：不断变化的客户需求、不断缩短的产品生命周期、不断激烈的全球化竞争以及急速发展的新技术，这些都会导致客户加速流失。但不论面临什么挑战，客户的流失大概率都是因为企业为其创造的价值不够大。这时候，企业需要重新挖掘客户的需求，洞察其需求变化的根因，开发新产品或增值服务，把客户重新赢取回来！

在了解了客户的全生命周期规律后，接下来企业就要把资源用在正确的方向——实现客户终身价值最大化，这意味着企业的整个客户管理体系都要重构。

第二章
围绕客户价值定标：
从短期业绩到客户终身价值

衡量客户价值的关键指标：客户终身价值

今天大部分企业一上来就制定业绩目标，比如今年要达到10亿元。但是前文强调了，企业不能以业绩为导向，而要以客户终身价值为导向。因此，企业在设定目标的时候，不能只考虑短期销售收入目标，而是要先考虑客户价值指标，比如客户终身价值、客户满意度、客户流失率、客户盈利能力和客均回报率等，之后再反推业绩目标应该如何设定。

如果要在这些客户价值指标中选择一个作为核心指标，那么企业应该选择哪个指标呢？我的答案是客户终身价值。所谓客户终身价值，是指客户在与企业合作的整个生命周期内创造的总收入。因此，这个指标是以终为始来审视长期客户价值的，相比之下，客户满意度、客户流失率等只是一个阶段性指标。

假如经过测算，企业发现过去平均一个客户的终身价值为10万元，那么未来通过改进产品和服务，企业能不能将单个客户的终身价值提升到100万元呢？这就是客户终身价值目标。

如何实现客户终身价值目标呢？企业可以根据客户终身价值公式来分解落地动作。

客户终身价值＝客户的平均交易额 × 每年的交易次数 × 客户持续成交的年数

根据上面这个公式，企业可以将客户终身价值目标分解为三个因子。

提高客户的平均交易额

举个生活中的例子：2023年春游季，我陪孩子在一家零食品牌店选购零食，发现这个品牌针对春游、露营人群推出了零食桶。这个零食桶其实就是一个可以满足目标客户需求的产品组合，而这个产品组合可以大幅提高客户的单次交易额。

因此，企业首先要设定客户平均交易额目标。比如，一家美妆企业的客户平均交易额是500元，那么它能不能通过研发新产品或产品组合，将客户平均交易额提升到1 000元呢？要想达成这个目标，企业需要设定相关细分指标。

- **新产品或产品组合的个数**。为什么许多互联网公司频繁推出新品，或者经常推出各种组合产品？其目的就是提高产品的交易额。
- **新产品交易额在总收入中的占比**。这个指标可以评估新产品是否被客户接受。如果客户接受了这个产品，那么这说明该产品或产品组合切中了客户需求。
- **老客户客单价提升率**。假设一位客户过去只将50%的订单份额给你，剩下的50%在你的对手那里。那么你能不能通过更好的产品和服务，将对手的份额抢过来？另一种情况是，你的产品和服务帮助客户扩大了市场份额，那么当客户的规模变大时，其客单价会从过去的50万元提升到100万元。

增加每年的交易次数

交易次数背后，是客户的满意度和黏性，只有满意的客户才会重复交易。比如，过去平均每个客户一年的交易次数是10次，那么未来客户的平均交易次数能否提升到20次呢？因此，企业还要设定客户重复购买率指标。对于那些购买频次比较低的产品，企业可以调整其产品结构，并引入一些购买频次较高的产品。

增加客户持续成交的年数

第三个影响因子是客户持续成交的年数。比如，像星巴克这样的品牌，客户每次的消费金额只有几十元，但只要能增加客户持续成交的年数，保证客户能在星巴克消费50年，那么企业最终的客户终身价值也会很高。

如何增加客户持续成交的年数呢？企业可以设定几个细分指标。

- **客户满意度指标**。正如彼得·德鲁克所言："客户满意度是对工作绩效的质量反应。"只有满意的客户才会持续成交。
- **客户留存率指标**。企业应清楚每年有多少客户留下来了，又有多少客户流失了。
- **客户转介绍率指标**。

由此可见，客户终身价值的提升，背后是一连串各类细分指标的提升。而每一个细分指标的背后，都需要无数员工为客户付出汗水和努力。

战略定标：画出十年后的样子

如何保证客户终身价值最大化？如何保证上文的一连串细分指标得到提升呢？企业只有一条路：提高标准，以世界第一的标准来要求自己。只有当企业的标准高于对手的标准，企业为客户创造的价值高于对手为客户创造的价值时，客户才会选择企业，才会成为企业的忠诚客户，才会与企业建立长期关系。

也就是说，要想保证客户终身价值最大化，企业必须提高自身的标准，设立第一的目标。因为只有高标准和高目标才能匹配客户的高满意度和高期望值。

因此，定目标不是拍脑袋想一个数字，也不是在去年业绩的基础上乘以一定的百分比。企业要以终为始来制定目标：先根据世界第一的标准，明确具体的中长期战略目标，再通过战略解码明确当下的年度经营目标。前者被我称为"战略目标"，后者被我称为"战术目标"。无论是战略目标还是战术目标,都要基于对未来趋势的判断,对行业的深刻洞察,对竞争对手的预测以及对内部资源的盘点,而不是随便拍脑袋、喊口号。

在20多年的职业生涯中,我有幸追随过几位真正的大企业家,也接触过形形色色的小老板。我发现这两类人最大的不同在于思维方式:真正的经营高手通常拥有终局思维和长远思维,他们会以终为始来定目标,至少根据十年后的目标,倒推当下的目标和资源布局,缺什么补什么;而小老板则恰恰相反,他们只关注短期目标,盘算着手里的资源,有多少资源就干多少事,走一步看一步。

在与许多中小企业交流的过程中,每当我要求高管团队先设定十年的战略目标时,经常有高管嘀咕:"咱们能不能先活下去,之后再说这个目标呢?"

这个时候,我就会告诫他们:"企业不仅要解决今天活下去的问题,还要解决明天活得好的问题。如果一家企业没有长线思维,没有长期战略目标,那么其当下的所有决策都会只着眼于现在,缺少前瞻性,企业未来活下去的机会就更小了。实际上,我们思考未来十年的中长期战略目标,是为了明天活得更好。"

管理学大师彼得·德鲁克有一段精辟的论断,他说:"战略规划涉及的不是未来的决策,而是当前决策的未来性。决策只存在于当前,战略决策者所面临的问题,不是企业明天应该做什么,而是为了迎接不确定的未来,今天必须做什么事情,以及当前的思考和行动必须包含什么样的未来性……"

我对这段话深有感触。2008年金融危机期间,我的老东家带领所有高管布局下一个十年战略目标。总裁询问在场的所有高管："我们十年后的年营业收入能达到多少？"在场的几位高管给出的答案基本上都在100亿元左右。

最后他转向我："军总，你觉得呢？"

坦白讲，当时我内心的真实想法和大多数高管一样：公司现在活下来都步履维艰，还谈什么未来十年的目标？但是，作为营销部门的负责人，我不得不壮着胆子回答："300亿元！"

在所有人给出答案后，总裁才缓缓地说："我认为十年后，咱们可以做到1 000亿元。"

话音刚落，所有高管面面相觑，大家都一言不发，气氛一度非常诡异。毕竟，对于一个当时年营业收入只有数十亿元的企业而言，十年后做到千亿元确实遥不可及。

为了解开在场所有人的疑问，总裁进一步解释了自己的想法："为什么是1 000亿元呢？因为当下全球最大的物流快递市场在美国，但我相信十年后，中国会成为世界第一大物流快递市场[①]。目前，美国前两大物流公司的业绩都超过了3 000亿元。一旦中国成为全球最大的物流快递市场，那国内是不是也会诞生千亿级的公司呢？"这个解释说服了在场的所有人。

事实证明，他说对了。这家企业2019年的营业额超过了1 000亿元。

当然，要想达成十年千亿元的战略目标，这家企业十年间的年平均增长率必须达到50%~60%。基于千亿元目标的设想，该企

---

① 这次会议过去仅仅五年，中国就成为世界第一大物流快递市场。

业根据平均增长率和发展节奏，倒推出未来5年、3年和1年的目标，并基于这个目标来配置资源、招聘人才和培养团队。

有意思的是，当我发自内心地认为企业未来必将走向千亿级时，我的思维方式和行为方式也不由自主地发生了变化。我开始畅想：如果企业要走向千亿级，那么营销部门的架构应该如何设置？我们要招聘什么样的人才？如何培养他们呢？所有资源和管理机制都要匹配未来千亿级企业的定位。这就是一个重塑思维方式和行为方式的过程。

这件事听起来也许很梦幻，其实完全有可能实现。任何时候，企业都不要低估复利的效果。即便企业当下的年营业收入只有1亿元，如果未来十年每年稳健增长100%，十年后它就会成为一家千亿级公司。即便每年只能稳健增长60%，它也能成为一家百亿级公司。迄今为止，我辅导各类企业已整整十个年头。十年间，我见证了数家企业从一两亿元增长到百亿元，从一二十亿元增长到千亿元，这就是战略目标的牵引作用。

具体来说，企业如何设定十年战略目标呢？

第一，了解行业趋势，根据行业标杆企业的体量及年平均增长率，估算十年后要达成的战略目标。

假设一家化肥企业今年的销售业绩是10亿元，其计划十年内在某个细分领域成为行业第一，那么按照目前的行业体量（国内市场的规模达万亿元），其市场份额要达到5%~10%，也就是500亿~1 000亿元。

接下来，根据行业标杆企业的体量及年平均增长率，该企业可以估算出自己十年后的年营业收入要达到多少亿元才有机会成为这个细分领域的龙头企业。

在对标时，企业不仅要观察国内第一，还要调研国外第一。许多企业在国内细分领域是第一，但对标世界第一，它才发现世界标杆企业的规模比它大10倍。通过对行业趋势和标杆企业的调研，企业就可以估算出自己的战略目标。企业如果想在十年后超越标杆企业，那么可以测算一下每年的业绩增长幅度应达到多少。

遗憾的是，在设定战略目标时，许多企业家会陷入以始为终的误区。曾经有一位企业创始人告诉我："陈老师，我们去年的增长率是30%，按照这个增长率，我可以计算出公司十年后的战略目标。"这是根据现在计算未来，而不是根据未来倒推现在。

实际上，战略是从未来看现在的。战略目标的作用是帮助企业摆脱现有资源的束缚，激发创造力，并根据未来的战略目标整合新资源，优化资源配置。战略学家加里·哈默尔在其著作《战略意图》中讲过："纵观产业发展史，你会发现，在过去100年崛起的全球领先公司，无一例外都是怀着与其现有资源和能力不相称的远大抱负起步的。"企业设定战略目标，一定不是在现有的增长率上做加减乘除，而是根据标杆企业的增长率，预估行业未来发展的天花板。

第二，以战略目标为起点，反推未来5年、3年、1年的目标。

如何反推呢？企业首先要计算自己未来十年的年平均增长率。

假设某企业今年的营业收入是1亿元，十年后的战略目标是年营业收入达到100亿元，那么这家企业未来十年的年平均增长率大约要达到60%。当然，60%只是平均数，该企业还要考虑一般企业的发展规律：前几年的增速比较快，随着企业规模越来越大,增速会逐渐下降。这样它就可以大概推算出未来5年、3年和1年的目标。

这就是一种以终为始的设计思维,其底层逻辑是:相信自己是一切的创造,所有一切都操之在我。

我经常讲,企业要什么,就设计什么,做任何事情都要以终为始来倒推,先确定好终点,从一开始就以高标准要求自己。企业如果确定了要在十年后做中国第一,那么从现在开始就要倒推怎么做。就像我的老东家那样,先确定高标准,然后锁定目标。一旦目标确定了,面前的"珠穆朗玛峰"就是你的目的地,只要按照节奏一步步往前靠,你就能成功。

战术定标:"三定三看三做一结合"

企业即便以终为始倒推出1年的战术目标,也可能会在设定目标的过程中产生分歧:老板希望目标定得高一些,营销团队希望目标定得低一些。这是很正常的,那么如何让老板与营销团队达成共识呢?企业还是要进行客观分析,通过明确的数据来论证目标的合理性,最终让老板与营销团队达成共识。

具体怎么做呢?我常用的一套验证模型叫"三定三看三做一结合"。

三定:定保底、定合理、定挑战

"三定"指的是营销团队要设定三个目标:保底目标、合理目标和挑战目标。

- 保底目标是营销团队必须达成的目标。
- 合理目标是营销团队应该达成的目标。
- 挑战目标是营销团队努努力才可能够得着的目标。

这三个目标之间有什么关系呢？保底目标和挑战目标要以合理目标为基线，同比例上下浮动，具体浮动比例可以根据行业增幅细分为两种情况。

第一种情况：企业的增长率≥20%，保底目标和挑战目标上下浮动20%。

假设A企业今年的销售额为1亿元，根据其十年后的战略目标倒推，该企业明年的合理目标为1.5亿元。也就是说，这家企业明年的目标增长率为50%，高于20%，那么其挑战目标和保底目标应该基于合理目标上下浮动20%。

如此一来，A企业的三个目标就设定好了：

A企业的合理目标=1.5亿元

A企业的挑战目标=1.5亿元×（1+20%）=1.8亿元

A企业的保底目标=1.5亿元×（1−20%）=1.2亿元

第二种情况：企业的增长率＜20%，保底目标和挑战目标上下浮动5%~10%。

在实际操作中，上下浮动的比例取决于企业设定的增长率。如果企业的目标增长率为10%，那么挑战目标和保底目标可以上下浮动5%；如果目标增长率是15%，那么挑战目标和保底目标可以上下浮动10%。

假设B企业处于一个低增长行业，其今年的销售额是1亿元，明年的合理目标为1.1亿元，所以其明年的目标增长率为10%，小于20%，那么它的挑战目标和保底目标可以上下浮动5%。

为什么B企业的保底目标不能像A企业那样向下浮动20%呢？因为不管企业的目标增长率有多低，其业绩都必须为正增长，否则，企业在十年后不可能超越行业标杆。如果B企业像A企业那样将保底目标向下浮动20%，那么其保底目标就只有0.88亿元，低于今年的1亿元。

假设B企业选择上下浮动5%，那么B企业的三个目标分别为：

B企业的合理目标=1.1亿元
B企业的挑战目标=1.1亿元×（1+5%）=1.155亿元
B企业的保底目标=1.1亿元×（1−5%）=1.045亿元

三看："三大看+三小看"

以上三个目标都定下来后，企业接下来要通过"三看"来验证目标能否达成。所谓"三看"，包括宏观层面的"三大看"和微观层面的"三小看"。

宏观层面的"三大看"指的是看历史、看行业和看标杆。

- **看历史是指参考前三年的历史数据**。假设企业前三年的年平均增长率只有20%，那么下一年的增长率为200%的可能性就比较小。
- **看行业是指参考行业增幅**。企业在设定目标时，可以在行业平均增幅的基础上乘以1.3~1.5。
- **看标杆是指企业的目标增长率必须高于标杆企业的增长率。** 之前我在物流行业时，始终关注世界第一物流公司联邦快递的增长率。14年前，顺丰的收入规模与联邦快递相比，差距非常大，但是目前这个差距已经大大缩小了。只有超过标杆企业的增长率，企业才有可能越来越接近标杆，甚至超越标杆。

大方向敲定以后，企业可以通过"三小看"对目标"精雕细琢"。

微观层面的"三小看"包括看客户、看产品和看团队。请注意，这个顺序不能变，一定要先看客户，再看产品，最后看团队。

先看客户

假设某公司的业绩目标是10亿元，那么新客户收入在总收入中的占比、新客户个数、大客户收入在总收入中的占比、大客户个数、大客户的平均客单价、老客户收入在总收入中的占比、老客户的复购率、老客户的转介绍率等，都应该有相应的细分目标。

其中，最关键的大客户和老客户名单，必须在前一年的12月31日之前锁定，最晚也要在春节之前完成。过去我在带营销团队时，每年第四季度最重要的工作之一就是锁定大客户和老客户，并将名单"上墙"。

再看产品

经营的逻辑永远是客户在前面：先客户，后产品；先工厂，后市场。企业只有先锁定客户名单，才知道自己应该为客户提供什么产品和方案：对新客户主打哪些产品，对大客户提供哪些方案？用什么产品来深挖老客户的需求？经过逐一盘点，企业就能判断现有的产品和方案能否支撑业绩目标的达成，如果不能支撑，那么自己需要为哪些客户研发新的产品和方案。

最后看团队

产品和方案规划好以后，接下来企业要为客户匹配合适的团队。新客户靠哪些团队开发，大客户靠哪些团队维护，老客户靠哪些团队深耕？企业要想回答这些问题，就要锁定团队名单。

当企业将团队名单盘点出来以后，人才规划就一目了然了：现有团队能否满足各类客户的要求？如果现有团队不足以支撑业绩目标的达成，那么企业还需要配置哪些不同类型的人才？各类人才的画像是什么？企业一定要围绕客户需求来配置员工。

我看到很多企业都把这个顺序弄反了，它们先招聘员工，然后再去找客户。企业一旦这样做，之后就会非常痛苦。因为当客户画像和岗位职能不清晰时，企业招过来的人都是错的，即便后续投入资源进行培训和管理，也无济于事。所以，人才配置也要基于客户价值，企业要做到"客在人前"——先有客户画像，后有人才画像。

三做：做动员、做宣誓、做承诺

通过"三大看"和"三小看"，企业就可以判断业绩目标能否达成。接下来，企业还要做好三件事：做动员、做宣誓、做承诺。这是很多企业都会忽略的一个关键步骤。在辅导企业的过程中，经常有老板向我吐露想成为行业第一的雄心壮志，但是当深入访谈企业的高管和员工时，我发现高管和员工的真实想法是："成为行业第一是老板的梦想，和我有什么关系？"

为什么会出现这种情况？因为老板不会做动员。没有充分的动员，就不可能有胜利。毛主席曾说："首先是把战争的政治目的告诉军队和人民。必须使每个士兵每个人民都明白为什么要打仗，打仗和他们有什么关系。"[①]

《孙子兵法》云：上下同欲者胜。动员的最高境界是让所有部门、所有员工都想成为行业第一。如果老板想成为行业第一，但部门主管不想，基层销售员也不想，那么这家企业一定成为不了第一。因此，企业可以打造冠军文化，动员所有人争做冠军，激发员工赶超第一的雄心，让员工将个人的奋斗目标与企业的目标对齐。

以行动教育为例，其每周、每月、每半年、每年都会评选各种各样的团队冠军和个人冠军，并给予冠军充分的物质激励和精神激励。在营销文化源头注入争做冠军的基因，是最有效的动员方法。

除了做动员，企业还应要求员工做宣誓和做承诺，使企业上下形成一种心理契约。真正有效的目标管理不是高层制定目标，基层执行目标，而是双方达成共识，共同对目标做出承诺。因此，每个员工都要签一份年度个人绩效目标承诺书。其目的是通过宣誓，让员工公开承诺这是自己主动想达成的目标，承诺自己会为此付出一百二十分的努力，并且承诺完成不了就接受相应的惩罚，

[①]《毛泽东选集》(第二卷)，人民出版社，1991年。

而目标达成员工就可以获得相应的奖励。

我见过有的销售高手承诺：目标达成就带父母去欧洲旅游，目标未达成两年内不结婚；有的高管和董事长签订对赌协议，约定目标达成董事长赠送一套房子，目标未达成该高管的年薪只要一块钱……由此可见，员工在确定惩罚措施时，一定是怕什么定什么，以此激发自身的内驱力。事实证明，做出承诺的人最终都达成了目标。同理，管理者也要签年度团队绩效目标承诺书，除承诺业绩目标外，还要承诺人才目标。

一结合：结合企业战略和人才规划

"一结合"是指结合企业战略和人才规划。

营销部门设定的销售目标必须与企业战略相匹配。如果营销部门设定的目标增长率不能超过行业第一的，那么企业在十年后成为行业第一的战略就不可能达成。

同样，营销部门设定的销售目标要与企业的人才规划相匹配。业绩要靠人来完成，而高绩效人才的培养是需要时间的：今年播种，明年浇灌，后年才能开花结果。所以，企业必须提前规划人才，这涵盖对营销人才的配置、储备、使用和管理。

根据"三定三看三做一结合"模型，企业就可以验证自己的战术目标是否具备可执行性，并在验证的过程中与团队达成共识，实现上下同欲。

我始终坚信：只有第一才能更好地服务第一。因此，从设定目标开始，企业就要以客户终身价值为导向，设定高远的长期目标，制定比肩中国第一甚至世界第一的高标准。因为只有高目标和高标准才能倒逼企业锁定高价值客户，设计第一的产品，建立第一的服务流程……企业的一切都基于客户终身价值，一以贯之。

这就是设定高目标、高标准的意义。企业只有升级自己的基因，才能实现客户终身价值最大化。

第三章
围绕客户终身价值构建营销组织：覆盖客户全生命周期

营销组织的四宗罪

战略确定了，目标也定下来了，接下来的问题是：谁来做？企业过去的组织架构能承载新战略和新目标吗？这值得每一家企业反思。

著名管理学大师钱德勒在《战略与结构：美国工商企业成长的若干篇章》中说："战略决定组织，而组织决定成败。"正确的组织架构是企业取得理想绩效的前提条件。要想实现前文提出的客户终身价值战略，企业的组织架构就要围绕客户来设计，从售前到售中，再到售后的客户全生命周期，都要有专门的部门负责。

辅导企业十多年来，我近距离接触了数万家企业，其中包括一些年营业收入达几十亿元的上市公司和头部品牌。令我惊讶的是，这种体量的公司的组织架构居然也不合理，主要表现为四宗罪。

一宗罪：组织架构臃肿

不久前，我服务了一家拥有2 000多名员工的企业，它在行业的某个细分领域排名前三。在深入这家企业进行调研后，我发现其总部员工人数占比接近20%，而且相当一部分岗位不仅没有直接或间接为客户创造价值，反而限制了一线营销岗位发挥作用。因此，我给这家企业的第一个建议是：将总部员工人数占比控制在5%以内，把其余员工分流到一线岗位，强化销售和客服团队。

二宗罪：组织架构没有真正以客户终身价值为导向

在与一线销售管理人员交流时，经常有店长向我反馈同一个问题：自己每天至少要花80%的时间来应付后台部门的内部管理，只有20%的时间面对客户。

企业必须转换视角，从能否为客户创造价值的角度判断：哪些岗位直接为客户创造价值，哪些岗位间接为客户创造价值，哪些岗位没有为客户创造价值？任何一个没有为客户创造价值的岗位、员工，都是多余的。与提升客户终身价值有关的动作才是有效投入，反之，都是成本。

如果把企业类比为军队，那么营销部门就是冲锋队，其他部门分别是弹药组、炊事班、医疗队……请注意，这些队伍不应该在大后方，而应该在前线为冲锋队服务。因此，一个以客户终身价值为导向的企业，其组织架构不能分一线、二线，而是所有人都要压向前线。

2022年，我服务的一家头部摄影企业就按照这个逻辑重新升级了组织架构，形成了一个名为"天使同心圆"的模式。

什么叫"天使同心圆"呢？天使就是客户，客户在中间，所有部门都围绕客户提供直接或间接服务。为此，该企业甚至重新命名岗位——销售员改叫服务天使，摄影师改叫摄影天使，化妆师改叫化妆天使……各类天使要像对待亲人一样对待客户。接下来，该企业以客户为中心进行流程再造：从接触客户的那一刻开始，重新设计每个环节的服务流程，保证每个环节都有专人提供高品质、标准化的服务。

因此，企业要以客户终身价值为导向，重新梳理组织架构，并进行流程再造。

三宗罪：只关注前端的客户开发，忽略了后端的客户管理

我曾对数千家中小企业做过一次小规模调研，结果发现大部分中小企业的营销组织都存在一个共性问题：它们的营销部门只有销售部，没有客服部。

为什么只有销售部呢？因为它们认为营销部门的使命就是完成交易。但实质上，完成交易只是起点。菲利普·科特勒讲过一个观点："产生交易不是市场营销的终点，而是建立和管理客户关系的开始，市场营销的最终目的是拥有一个忠诚的顾客……如果没有高水平的客户忠诚度，那么公司将不得不持续投资，以获取新顾客。"

也就是说，企业真正需要的，不是一生一次的短期生意，而

是一生一世的长期关系。可长期关系不是天然形成的，而是管理出来的，服务出来的。因此，企业必须设置专门负责客户管理和服务的客服部，否则很难培育出强大的客服能力，也很难持续为客户提供更高的价值。

四宗罪：只关注业务线的发展，忽略了管理线的优化

在调研企业时，我发现许多企业只关注业务线的发展，极少会在营销部门建立管理线。如果营销部门只有业务线，没有管理线，那么会产生什么乱象呢？业务线上的分公司各自为政，各有各的打法，久而久之，分公司总经理就成了自作主张的"山大王"和自命不凡的"太上皇"。

因此，企业要想做到"一声令下，三军齐发"，要想提升营销部门的整体战斗力，就要让总部管理线对业务线进行监督和帮扶管理。企业的规模越大，组织架构就越复杂，打法就越需要标准化，这样企业的战斗力才会越强。

客户全生命周期的大营销组织

如何破解营销组织的四宗罪？既然营销部门的终极目标是实现客户终身价值最大化，那么企业要围绕客户的全生命周期来搭建营销组织。

- 成交前，市场部负责塑造价值。
- 成交中，销售部负责实现价值。

- 成交后，客服部负责深耕价值。

市场部、销售部和客服部共同组成一个完整的营销部门，共同为客户提供全生命周期服务。如果企业的营销部门只有一个销售部，且多是散兵游勇，那么企业的战斗力完全来自销售员的个人能力，企业无法发挥出营销部门的整体战斗力。因此，在调整组织架构时，如何将所有营销力量凝聚在一起，握指成拳，以最优的路径统筹资源配置，组织千军万马赢得胜利，是营销负责人必须通盘考虑的问题。

那么，如何理解三个部门之间的分工和协作关系呢？

市场部是空军，负责锁城定位，主导塑造价值

如果把营销看作一场战争，那么先头部队不是销售部，而是市场部。市场部负责什么呢？在大营销体系中，它有两个重要任务。

一是市场洞察，包括研究行业、研究对手、研究客户。市场部相当于战争中的侦察兵，负责收集和分析各种情报，为销售部攻城提供方向指引，帮助销售部定位战场。如果没有进行市场洞察，那么企业在锁定客户时会"乱枪打鸟"，浪费大量子弹。企业只有提前做好市场洞察，才能精准出击，瞄准高价值客户进行锁定式开发。

二是产品研发。基于市场洞察的结果，企业不仅要锁定高价值客户，还要针对高价值客户的个性需求和隐性需求，研发差异化的产品和服务方案，为销售部攻城提供最具杀伤力的武器，为

客户提供独一无二的价值。

这就是市场部为客户塑造价值的过程。如果市场部不进行市场洞察和产品研发,那么销售部提供给客户的产品必然没有吸引力,这会导致销售部只能和对手拼价格,企业无法为客户创造独一无二的价值。

销售部是陆军,负责攻城占位,主导实现价值

当市场部锁定战场,准备好攻城武器后,销售部就可以发起进攻了,这个进攻过程就是实现价值的过程。但是,攻城也要讲究排兵布阵,不能一股脑儿向前冲。今天很多企业的销售部只有业务团队,没有管理团队,这导致企业无法对整个销售过程进行管理。所以,销售部要分为两条线:一条是业务线,一条是管理线。

其中,业务线又分为两支团队:一支是面向普通客户的普通士兵,另一支是面向大客户的特种兵。这样划分是为了提升销售员实现价值的效率。企业如果没有按照客户的等级来划分销售团队,就会出现以下现象:销售新人跑去开发大客户,结果大客户被新人吓跑了,企业再去开发难上加难;销售特种兵为了快速出业绩,跑去开发小客户,这是对组织资源的低效利用。而管理者的任务是高效利用企业的资源,为客户创造高价值。因此,为了提高资源利用效率,企业必须对销售团队进行分层管理。

客服部是海军,负责守城上位,主导深耕价值

当销售部与客户成交后,接下来就该客服部上场了。我有一

个与大多数人的认知相悖的观点：客服部比销售部更重要。

为什么？因为成交只是让双方初步建立合作关系，而客户能不能留下来，能不能与企业建立一辈子的合作关系，取决于企业能不能持续深耕价值，这就是客服部的职责。

简单来说，客服部的任务就是管理客户。管理客户的目的是帮助客户增值，甚至帮助客户的客户增值。只有整条客户价值链上的人都赚到钱，企业才能持续盈利。也就是说，企业要通过持续为客户创造价值，从老客户身上获得持续的利润回报，最终实现客户终身价值最大化。

从投资回报率的角度看，真正让企业赚钱的是老客户，新客户的开发成本太高，企业很难赚到钱。但是，客户不会无缘无故"变老"，更不会无缘无故"变大"，这要靠客服部对客户进行管理。遗憾的是，今天大部分企业将90%的精力投入销售部，投入成交环节，一旦完成交易，企业就松懈下来了。可事实上，成交恰恰是客户终身价值管理的起点。

销售部可以将售后工作转交给客服部，下单、查询、受理、投诉、理赔等日常维护工作都由专业的客服项目组跟进维护。如此一来，销售部就可以将全部时间和精力投入客户开发。

至此，整个营销部门一分为三，成交前、成交中、成交后的工作就专门化了。整个营销部门围绕为客户提供全生命周期服务展开接力赛：市场部负责锁城定位，锁定高价值客户，并为客户研发相应的产品和服务，主导塑造价值；销售部拿着市场部研发的武器，直奔战场发起进攻，主导实现价值；之后守城部队客服部立马接棒进行客户管理，通过专业服务留住客户，一步步挖掘客户的新需求，不断深耕客户价值，将客户"做大"、"做老"。

当市场部、销售部、客服部各司其职时，企业的增长策略也会发生变化。过去，企业要想让第二年的业绩翻倍，只会想到一条路径：使客户数量增加一倍。企业要么招聘更多的销售员，要么将目标市场从区域扩张到全国。而一旦营销部门被拆分为三大部门，企业的增长策略就能从一条路径拓宽到三条路径。

- 一是增加客户数量。扩大销售团队、扩张目标市场，都是为了增加客户数量。如果企业能够管理好老客户，为老客户创造超出预期的价值，那么这些老客户会成为企业免费的业务员，会给企业转介绍其他新客户。
- 二是提高客单价。当有专门的市场部来负责产品研发时，企业就可以针对老客户的个性需求、隐性需求和预售需求，研发新产品和新方案，通过卖给老客户更多的产品来提高客单价。
- 三是提高购买频次。成交不是终点，而是企业与客户建立长期关系的起点，也是企业对客户进行终身价值管理的起点。如果客服部能够在成交后管理好客户，持续关注客户需求的变化，挖掘客户更深层次和更长远的需求，进而为客户提供更优质的服务，那么企业自然能提高客户的购买频次。

从增加客户数量到提高客单价，再到提高购买频次，三者构成了拉动业绩增长的三驾马车。企业要想让这三驾马车都发挥出自己的战斗力，就得要求三大部门共同作战，形成客户全生命周期管理闭环，合力实现客户终身价值最大化。

下面，我们将视角深入每个部门，探讨其组建逻辑以及基本职能。

市场部：塑造价值

我常常惊讶地发现：许多企业在思考如何完成销售目标时，居然是从分析和拆解销售任务开始的，它们思考的重点是如何将目标一层一层分解下去。但是，如果企业对市场一无所知，那么这个目标真的能完成吗？事实上，企业寻找达标路径一定要由外而内，只有从外部出发，企业才能找到达标的机会和路径。

2008年，当决定以大客户为摆脱金融危机的突破口时，我是从市场洞察开始的。在此之前，顺丰服务过三百六十行的客户，面对眼花缭乱的客户群，我应该从哪里开始突围呢？这个决策不能靠拍脑袋，企业要研究各个行业的机会。最终通过分析，我锁定了两大市场：一个是世界500强企业，这类企业体量大、实力强，它们通常会在全国甚至全球范围内发起招投标，但这也是所有竞争对手都垂涎欲滴的市场，竞争十分激烈；另一个是代收货款业务，这可能是许多竞争对手都没有看到的大机会。

为什么我会锁定代收货款业务？这得益于市场洞察。

2008年，中国市场上冒出一批电购、邮购和网购平台。但是，消费者对这些新型平台还没有产生足够的信任。他们即便看到了心动的产品，也不敢先付钱，必须看到货再付钱。然而，这些平台不可能建立庞大的物流配送体系，只能委托物流公司帮助它们收款，这项业务就叫代收货款业务。

这项业务并不是所有物流公司都能做的，那些以加盟为主的物流公司就做不了，因为这涉及货款安全问题。万一加盟商的员工把客户的钱拿走了，物流公司怎么办？而顺丰是直营模式，对资金的管理非常规范——员工必须将货款在当日打到公司账户上，否则会被问责。因此，在这项业务上，顺丰有明显的优势。与此同时，开展这项业务的另一个好处是，这能给公司带来大量现金流，从而缓解金融危机下公司现金流拮据的问题。

仅仅洞察到这个程度还不够，因为这两大市场上的公司多如牛毛，每一个客户我们都要锁定吗？显然不可能，因为公司的精力和资源是有限的。经过综合评估，我们最终锁定了100个大客户，其中一半以上是公司的老客户。接下来，市场部还需要进一步洞察：这些老客户的产品是什么，客户的客户是谁，它们的需求是什么？这些都是市场洞察的关键点。

紧接着，市场部还要洞察竞争对手。每一个大客户都有不少实力强劲的对手在盯着，企业必须了解竞争态势：主要的竞争对手有哪些，对方有多少人，其优势是什么，劣势在哪里，它们的客户关系如何？当时我们面对的竞争对手可是千亿级的全球第一物流公司联邦快递，在资源有限、兵力也有限的情况下，我们如何打败对手呢？

经过洞察对手，我们终于找到了一个破局点：虽然我们与对手在全球市场上实力悬殊，但对手的薄弱之处是进入中国市场较晚，其国内网点远不及我们的多，尤其是在没有机场的城市，对手处于下风。于是，我们决定把对手拉到公司的优势领域进行竞争,瞄准那些在全国各地都需要网点的大客户。事实证明,这个思路是对的,我们最终开发了一大批目标大客户。

早在两千多年前,中国古代先贤就在《孙子兵法》中讲述了情报对战争的价值:"知己知彼者,百战不殆;不知彼而知己,一胜一负;不知彼,不知己,每战必殆。"2000年,竞争情报从业者协会(SCIP)开展的一项调查表明:90%以上的世界500强企业都建立了竞争情报系统。比如,联合利华、可口可乐、雀巢等公司一直在努力建立信息系统,以收集和梳理关于外部环境的信息。再比如,宝洁公司成立了市场研究部,它是宝洁公司关键的内部咨询部门,通过对消费者、购物者和零售业的深入分析,该部门为宝洁的战略决策提供相应的指导,包括对市场趋势、消费者习惯、消费者动机等进行动态分析。

遗憾的是,今天大多数中小企业的这项工作还没有起步。在调研了很多企业营销部门的组织架构后,我十分吃惊:这些企业要么根本没有市场部,要么将市场部置于营销体系之外。

事实上,市场部的核心工作一共有四项:市场洞察、产品研发、品牌策划以及渠道推广。从实现客户终身价值最大化的角度看,市场部要着重为销售部做好两件事:一是市场洞察,充当销售部的侦察兵,帮助销售部锁定战场;二是产品研发,为销售部提供优于对手的武器。

归根结底,商业比拼的是谁能更快、更好地满足客户的需求。而客户需求是随着市场环境的变化而变化的,市场部的任务就是捕捉这种变化,并根据新的需求研发新的产品和方案。

市场洞察八字诀：知天知地知彼知己

企业如何开展市场洞察呢？《孙子兵法》中有一句话："知彼知己，胜乃不殆；知天知地，胜乃不穷。"我从中归纳出了市场洞察八字诀：知天、知地、知彼、知己。

知天：洞察行业

知天即洞察行业。通过洞察行业，企业可以了解行业目前的发展现状、阶段、增长情况以及未来的发展趋势，从中发现哪些机会可以利用，并防范可能发生的风险。

遗憾的是，在与企业家和高管沟通的过程中，我发现许多人对自己所在行业的市场容量都不甚了解。事实上，一名优秀的管理者不仅要对自己所在的行业了如指掌，还要关注目标客户所在行业的发展趋势和动向。企业只有掌握了目标客户所在行业的发展趋势和动向，才能更好地洞察业务需求，提前发现机会。因此，市场洞察至少要涵盖两大内容。

- **行业现状**：包括行业政策、市场容量、增长现状及前景、行业所处阶段、行业客户分布、产品结构等，企业可以从相关咨询公司、行业协会、政府相关部门以及行业分析报告、行业会议那里收集这些信息。
- **行业趋势**：包括未来市场预测、行业政策走向、客户需求预测、技术发展趋势等，企业可以从行业期刊、行业分析报告以及政府相关部门、相关咨询公司、行业协会等渠道获取以上信息。

通过洞察行业，企业可以了解相关行业的现状及发展趋势，并进一步整理出潜在客户名单。

知地：洞察客户

知地即洞察客户。企业如果对客户一无所知，就很难真正提供令客户满意的产品和服务，自然也难以实现客户终身价值最大化。具体来说，洞察客户包括九个方面。

- **客户的分类以及需求场景。**企业的客户可以细分为哪些类别？典型的需求场景有哪些？
- **客户现阶段及未来的发展规划。**企业可以以此预判客户对产品和服务的需求。这些信息可以通过查阅客户的公司网站、公司年报以及相关访谈获取。
- **客户的痛点及需求。**需求反映了现状与期望之间的差距，因此，企业一方面要找到客户的显性需求，包括一般需求和个性需求，另一方面要善于洞察客户没有表达甚至未意识到的隐性需求。销售人员可以从客户访谈、行业专家访谈、行业代理商访谈以及行业报告中挖掘这些信息。
- **客户的购买行为分析。**客户是如何做出购买决策的？如果是一群人共同决策，那么整个决策链条是如何运作的？这些信息可以从客户内部支持者或友商处获取。
- **客户的客户。**客户的客户才是企业真正的客户，因此，企业不仅要调研自己的客户，还要调研客户的客户有哪些痛点，以及为什么会选择企业的客户的产品？唯有比对手站高一线，企业才能深入理解客户的需求，帮助客户更好地成就它的客户。

- **客户的客户的客户**。仅仅调研客户和客户的客户还不够，企业还要调研客户的客户的客户，甚至是客户的客户的客户的客户。什么意思？举个例子：假设一位生产商的客户是代理商，客户的客户就是代理商发展的经销商，而客户的客户的客户是零售商，最终企业的产品是从零售商那里到达终端消费者手里的，这就是一条客户价值链。企业要调研整条价值链上每一层客户的需求，这样才能精准地匹配产品和服务。
- **客户的标杆**。客户的标杆是客户学习的对象，向标杆学习是最快的成长方式。因此，企业可以通过调研客户的标杆，更快地了解客户与标杆之间的差距，而差距意味着新的需求和机会。
- **客户的对手**。客户也有对手，企业如何帮助客户打败对手并获得比较优势呢？这是企业要思考的问题，因为只有回答好这个问题，企业的产品和服务才能有更强的针对性，才有可能帮助客户在错位竞争中胜出。
- **客户的标杆供应商**。研究客户的标杆供应商是为了找到参照物，评估企业离标杆供应商还有多大的差距。然后，企业就可以缺什么补什么。

通过全面分析以上信息，企业可以更深刻地理解客户的痛点和需求，并进一步挖掘每位客户的个性需求甚至隐性需求。

知彼：洞察对手

知彼指的是洞察对手。越是高价值客户，企业面对的竞争格局就越复杂。企业只有清楚地知道自己在和谁抢客户，明确对手的优势和劣势，才能以己之长攻人之短，真正打败对手。

尤其在今天这个跨界竞争时代，企业对竞争对手的定义必须突破原有行业范畴。竞争对手不仅包括同行这样的直接竞争对手，还包括所有和企业争抢客户的间接竞争对手。从这个角度讲，谁和企业抢客户，谁就是企业的竞争对手，这意味着企业与对手甚至可能不是一个赛道的。因此，企业要根据顾客需求而不是行业赛道来定义对手。

菲利普·科特勒讲过一个关于凯迪拉克的经典案例：20世纪30年代大萧条时期，当所有人都以为凯迪拉克的竞争对手是雪佛兰、福特和大众等汽车公司时，凯迪拉克当时的领导者尼古拉斯·德雷斯塔特却有不同的看法，他认为凯迪拉克正在同销售钻石、貂皮大衣的公司竞争。凯迪拉克车主购买的不是交通工具，而是"地位"。因为一个人花5万美元买一辆凯迪拉克汽车，是为了获取声望。正是因为对竞争对手重新定义，凯迪拉克在大萧条时期才逆势增长。

这个案例值得每一家企业深思。

曾经有一位美容行业的创始人向我请教：如何向客户销售定价为300万元的健康方案？我提醒他一定要从客户视角进行思考：当产品的定价为300万元时，企业面对的竞争对手就不再是传统的美容院了，而是证券公司、保险公司等。

也就是说，如果客户不花这300万元，那么他会把这笔钱放在哪里？那个行业才是企业真正的对手。所以，企业要调研这些对手，找到自己和对手之间的绝对差异化价值。

具体来说，对竞争对手的洞察包括三个方面。

- **竞争格局分析**。企业要弄明白自己的直接竞争对手、间接竞争对手分别有哪些。
- **了解主要对手的基本情况**。这包括对手的战略定位、公司规模、目标市场、获客方式、主推的产品方案、营销团队规模、营销团队主要管理者的作战风格及过往履历、新老员工的比例、营销团队的薪酬水平、渠道情况、业绩构成等。
- **了解主要对手的产品及服务的优缺点**。企业要了解对手的产品功能、产品价格、销售方式、销售政策以及售后服务是否具备优势。

基于以上信息，企业可以避开对手的长处，攻击对手的短处。洞察对手的目的是学习竞争对手的优势，同时设法以己之长攻人之短。

知己：洞察自己

知己是指洞察自己。为什么要把知己放在最后呢？因为只有充分了解行业现状及趋势、客户的痛点及需求、竞争对手的优缺点，企业才能在市场的坐标系中准确定位自己。早在几千年前，古希腊的哲人就向世人提供了"认识你自己"的建议，然而，人最难做到的恰恰是认识自己。事实上，世间大多数失败都源于不知己。

如何更好地洞察自己呢？企业要对以下三方面进行"自摸"。

- **自己的优缺点**。这包括了解自己的核心竞争力、经营模式、运营能力、竞争壁垒以及相对短板等。

- **自己的产品及服务是否符合客户需求**。尤其要关注客户的痛点和抱怨点，这通常是企业研发新产品最好的养料。
- **自己的合作伙伴**。企业要洞察渠道、供应商、经销商和代理商等上下游合作伙伴的需求。

掌握了以上八字诀，企业基本可以摸透市场、客户、对手和自己，接下来就要针对性地研发产品。在辅导企业时，我会要求企业在营销部门成立市场部，每月持续进行行业洞察、客户洞察、对手洞察和自我洞察，并将洞察结果做成《市场月报》，从而为销售部提供决策参考。

产品研发：从一次性产品到一辈子的方案

在与企业交流时，经常有企业家和高管向我请教："陈老师，我们把客户服务得特别好，客户对我们的尖刀产品也非常满意。但客户在消费完我们的尖刀产品后，最后还是会流失。"

这说明什么？要么这家企业没有市场部，要么市场部缺失了一项重要职能——产品研发。

企业不可能用一款产品就解决客户的终身需求，因此市场部的关键职能之一是，根据客户需求不断研发新产品和增值服务，最终把一次性产品变成一辈子的方案。甚至从一开始，企业就要为客户规划好一辈子的产品方案：第一阶段买什么？第二阶段买什么？第三阶段买什么？……企业为客户提供的应是一整套组合方案，而不是一个阶段性的产品。

从一次性产品到一辈子的方案，这需要市场部根据客户需求进行设计。因为产品研发从来不是"灵光闪现",而是一项艰苦的工作,它必须成为市场部常规工作的一部分。市场部要根据市场洞察的结果,安排专人进行产品研发,包括新产品、增值服务以及组合产品。

谈到产品研发,许多人可能心生疑惑:"产品研发不是研发部的职能吗?"请注意,这里所讲的产品研发不是指将产品实体研发出来,而是指研发产品概念。通常情况下,市场部先研发产品概念,之后研发部将这个概念变成实体。

回到顺丰的案例,2008年,我们通过市场洞察锁定了100名大客户,之后开始思考如何为客户设计增值服务。基于代收货款客户的需求,我们设计了两个主打产品:一个叫"次周返",一个叫"隔周返"。"次周返"是指客户委托我们代收货款,这笔钱留在我们的账户一周后,我们再返还给客户;"隔周返"是指这笔钱留在我们的账户半个月后,我们再返还给客户。返款周期越长,服务费越低,超级大客户还可以享受一定的优惠。依靠这项增值服务,我们最终打动了大客户。迄今为止,这仍然是顺丰的金牌业务之一。

这项增值服务是如何设计出来的呢?企业首先要区分两个概念:产品和服务。大多数企业都会把产品和服务混淆在一起,事实上,产品研发不仅仅指研发狭义上的基础产品,更重要的是研发增值服务。

什么是基础产品?什么是增值服务?

举个例子,一个小女孩向父亲提出了买一个芭比娃娃的要求,父亲爽快地答应了。因为在20世纪60年代的美国,这款芭比娃娃只需要3美元。

一周以后，小女孩对父亲说："爸爸，芭比娃娃需要一件睡衣。"此时，这位父亲才注意到，上周买的芭比娃娃只穿了一套泳衣。

小女孩兴奋地喊道："手册上有一件，只要3美元！"

父亲不解地问："什么手册？"

小女孩欢快地说："就是买芭比娃娃时送的那本手册啊！"

父亲翻开手册，这才发现上面有200套服装可供选择。拗不过女儿，父亲只好再花3美元为芭比娃娃买了一套睡衣。

又过了几周，小女孩又向父亲撒娇："爸爸，芭比娃娃想当一名空姐。"在女儿的强烈攻势下，父亲只好再次支付3.5美元，让芭比娃娃当上了空姐。好景不长，接下来的几个月，小女孩又给芭比娃娃安排了护士、歌手、舞蹈演员等角色。当然，这些都需要父亲买单。

终于有一天，小女孩厌烦了为芭比娃娃换职业，她提出了新的要求："爸爸，芭比娃娃太孤单了，我们给她找个男朋友吧！"

这位父亲又花了3美元给芭比娃娃找了个男朋友。但是，芭比娃娃的男朋友还需要添置一把电动剃须刀、一套网球服、一套西装、一件风衣……

没过多久，小女孩向父亲宣布了芭比娃娃和男朋友即将结婚的喜讯。在宣布这个消息的同时，她附上了一张举办婚礼所需的物品清单：一间75美元的新房、结婚礼服……

父亲不情愿地满足了女儿的要求，心想："这下再也不会有新要求了吧。"但这次他又错了。不久后的一天，小女孩告诉父亲："芭比娃娃想离婚。"

父亲惊讶地问："为什么？"

"因为芭比娃娃的老公和她最好的朋友米奇在一起了。"

猜猜看，这位可怜的父亲一共为3美元的芭比娃娃花了多少钱？大约400美元！

在这400美元中，基础产品芭比娃娃只占了3美元，而剩下的397美元都属于增值服务。所谓增值服务，是指在原有产品的基础上提供附加项。据统计，每个美国女孩平均拥有10个芭比娃娃，这些芭比娃娃每年创造的收入在10亿美元以上，而这10亿美元大部分来自增值服务。

通过芭比娃娃的案例，你应该可以区分出产品和服务了：产品是标准化的，而服务是个性化的、可选择的。芭比娃娃是标准产品，后续的配饰、房子等都是增值服务。如果产品是树干，服务就是枝叶。产品满足的是客户的一般需求，而服务满足的是客户的个性需求和隐性需求；产品解决的是企业如何活下来的问题，而服务解决的是企业如何活得更好的问题。

一家有竞争力的企业不光有标准产品，更善于在标准产品的基础上研发增值服务，甚至一辈子的组合方案。通常情况下，一家企业的服务收入占比越高，这家企业的竞争力就越强，因为它能更好地满足客户的个性需求和隐性需求。

顺丰公司总裁王卫曾公开表示："相比业务量份额，顺丰更注重收入质量，更注重为中高端客户提供优质服务。顺丰未来致力于提供综合物流服务，我们面临的不是4 000亿元的传统快件配送市场，而是12万亿元的大物流市场。顺丰未来将持续深耕，利用大数据分析和云计算技术，为客户提供仓储管理、销售预测、大数据分析、物流配送、金融管理等一揽子解决方案，坚持了解客户需求、解决客户痛点以及成就客户。"

为什么要特别强调产品组合和增值服务呢？因为在当下激烈的竞争中，企业通过标准产品很难打败对手、吸引客户。尤其是大客户，其选择空间很大，标准产品根本打动不了它们。

我辅导过一家高新电子材料企业，该企业主要为光电触控屏、电子电路、智能按键三大高科技行业提供系统解决方案。这家企业的董事长告诉我："我们公司的大客户不少，但大客户的口袋份额（一家企业的产品或服务相对于客户在该类消费中所占的比重）很小，客户都做不大。"

经过调研，我发现这一问题的根源在市场部。虽然这家企业已经成立了市场部，但市场部并没有产品研发功能，这导致销售部给所有客户提供的产品都是相似的，从而为企业埋下了隐患。大客户与普通客户不同，其需要许多个性化的增值服务。所以，即便大客户成功开发下来了，如果市场部没有持续研发新产品，那么客户最终会流失。企业要想维护好长久的客户关系，就必须不断满足老客户的新需求，推出新产品或新服务。同时，新产品会带来新客户，新客户还会产生新需求。只有形成正向循环，企业才能像滚雪球一样发展起来。

现实中，许多企业都痴迷于大单品战略，妄想"一招鲜，吃遍天"。其实，这种战略只适合初创企业。因为初创企业的资源有限，它们不得不将所有资源集中于一点，先将一个单品打深、打透。但是，一旦过了这个阶段，死守大单品战略就不明智了。尤其是今天，大部分中小企业面对的是白热化竞争，这意味着产品同质化不可避免，那么企业如何突破这一瓶颈呢？

我认为服务创新是一个不错的切入点。产品可以同质化，但服务却可以做到差异化。市场部不妨将研发重心放在产品组合和增值服务上，以此打造绝对差异化价值，提升产品溢价。当然，服务差异化的前提是精准捕捉客户需求，尤其是比对手更快速、更精准地捕捉客户的个性需求甚至隐性需求。

销售部：实现价值

几乎所有企业都会组建销售部，但90%的销售部会陷入以下两大误区：一是阴阳失衡，销售部等同于业务部，只有业务线，没有管理线；二是业务线内部"一刀切"，严重缺乏分层管理，从而产生了大量无效劳动，效率低下。

阴阳调和：业务线是阳，管理线是阴

中国古代哲学讲究阴阳平衡，如果业务线是阳，管理线就是阴。而销售部如果只抓业务线，不抓管理线，就会阴阳失衡。阴阳失衡会带来什么后果呢？

后果一：新员工"阵亡率"高。

如果企业只看业绩结果，不做销售过程中的帮扶管理，新员工一定会"放羊"。但是，企业不能怪新员工。我在一线做管理这么多年，没有看到哪个新员工愿意被"放羊"。真相是，因为管理者"放水"，所以新员工"放羊"。

也就是说，新员工之所以处于"放羊"状态，本质上是因为

企业对业务线缺乏管理。现实中相当一部分企业对于新员工的态度是自生自灭。我刚开始做业务员时，公司直接把我丢到江西市场，没有任何培训和指导，一切全靠自己摸索。纵然我很努力，半年内跑了近百个县，但也差点没出单。正因为我有这样的切身体会，所以后来走上管理岗位，我要求新手在上岗前一定要接受培训，比如瞄准哪些客户，如何开发客户？……否则，新人的"阵亡率"一定很高。员工进进出出，没有人才沉淀下来，这会是企业内部最大的成本。

后果二：老员工变成"老油条"，流失率高。

很多老员工跟随企业开疆拓土，立下了汗马功劳。但是随着时间的推移，许多老员工变成了"老油条"，没有激情、没有斗志、没有狼性。

为什么老员工会变成"老油条"？根源在于企业对业务线缺乏科学的管理，比如过程管理不科学、考核机制不合理、晋升通道没打通等。我在调研一家项目制企业时，发现几乎所有老员工都是"老油条"，他们每个人手里都掌握着几个大客户，久而久之，公司也不敢管。我对这些老员工进行了访谈，发现这家企业没有对销售员进行过程考核，也没有设计公平公正的评定机制，晋升通道也没有打通……

业绩和管理是两条平行线，甚至可以说，业绩是管理的结果。这就是为什么许多大企业都会设置专门的销售管理部。销售管理部的职责是对销售目标的达成进行全流程管理：从目标设定到团队建设，从设计作战地图到提高能力，从激励机制到团队文化……这些都是销售管理部的任务。

具体来说，销售管理部的核心职能包括以下五个方面。

建团队

企业要想开拓市场，就要组建团队，要想组建团队，找人是最关键的一步。一个合格的销售管理者必须花60%的时间找人。人找对了，事半功倍；人找错了，后面再怎么培养也是白费功夫。

我曾和企业家讨论过一个问题：如果把营销副总裁看作销售队伍的主帅，那么主帅的第一能力是什么？作为一名在一线摸爬滚打20多年的管理者，我的答案是找到第一的将并成就他。同样，将的第一能力是找到第一的兵并成就他，而兵的第一能力是找到第一的客户并成就他，这就是建团队的过程。

那么，第一的帅、将、兵都是怎么来的呢？有人说是选出来的，有人说是花钱培养出来的，也有人说是用出来的。但我始终认为，真正优秀的人才是挖过来、抢过来的，我将在第六章具体介绍这一点。

强专业

销售团队建好以后，接下来企业还要提升销售员的专业度，建立标准化的销售员培训体系，让销售员具备成交能力。

遗憾的是，大多数销售管理者认为培训应该由人力资源部负责，而不是销售部。这种错误的认知导致很多企业只是为了培训而培训，并不能真正帮助销售员快速提升专业度。事实上，人力资源部只是辅助销售管理部来做培训，真正有效的培训一定是由销售管理部自己负责的。

为什么把培训交给人力资源部会没有效果呢？核心原因有两个。

第一，培训内容缺乏针对性。

销售员如同冲在一线的战士，仗怎么打，兵就要怎么练。培训内容要实效，要符合一线的实际情况，必须是从一线总结出来的经验教训。而人力资源部处于后方，不了解一线的情况，从而导致培训内容缺乏针对性。

过去，我在带销售团队时，会花费大量的时间和精力，把企业内部销售高手的经验和教训汇编成《销售秘籍》(也可以是《项目真经》或《营销宝典》)，这是最实效的培训教材。

为什么要编写《销售秘籍》呢？因为企业必须把销售冠军的个人能力变成可复制的组织能力。知识需要传承，文化需要沉淀。一个销售高手最宝贵的东西是大脑里的知识，而知识是一种极容易被带走的重要资产。如果企业不能及时将这些知识提取出来，那么随着销售高手的离开，这些知识资产也流失了。所以，销售管理部的一项重要职责是通过编写各类秘籍和手册，留住这些重要的知识资产。

通过对知识的提取和复制，企业可以将销售高手的个人能力转化为可复制的组织能力，其他员工可以通过复制销售高手的方法论快速上手，不必耗费大量的时间和精力去摸索和试错。

许多年前，我就意识到了这件事情的重要性。早年间在宅急送工作时，我主持编写过《客户手册》和《营销手册》。后来在顺丰工作时，我也带领团队编写过《营销手册》和《客服手册》。

2013年与行动教育合作后，我提出公司一定要有一套属于自己的《销售秘籍》。董事长听从了我的建议，邀请我带领公司一部分优秀的分公司总经理、团队总监和营销伙伴代表，总计30余人在黄浦江畔的五星级酒店集中讨论了三次，每次都举行为期两天的头脑风暴。在编写之前，我将这30余人分为四组，每组编写一个模块，包括行业篇、产品篇、销售篇和客户篇。初稿完成后，大家再以头脑风暴的方式进行碰撞和打磨。最后，我们以此为教材组织员工培训，经过市场的验证后再对其进行修订。如此重复了两三次，形成了最终的《销售秘籍》。

为什么要耗费大量的时间和精力，组织一大批销售高手来编写手册呢？因为《销售秘籍》需要具备杀伤力，这不是靠坐在办公室里的人闭门造车写出来的，而是经过一线炮火洗礼的人总结和碰撞出来的。所以，在编写《销售秘籍》时，企业一定要挑选经验最丰富的那群人。他们都打过仗，每个人都有自己的思想、经历、感悟、教训……这意味着同一个问题会从不同角度得到思考、研究和分析。经过不同看法的碰撞、不同观点的对话，企业才能萃取出最贴近一线需求的《销售秘籍》。

第二，培训方式缺乏实效性。

过去，人力资源部最常见的培训方式就是组织外部老师来授课。我常常看见许多企业大费周章地将全国各地的销售员召回总部上课，结果销售员要么在玩手机，要么在睡觉。由此可见，企业的培训方式一定要改变：不能仅仅靠上课，而是要通过实战模拟来提升员工的能力，这就是后文的通关体系。

通过实战模拟，企业可以发现销售员在哪些方面存在不足，之后针对不足之处进行培训课程的研发，然后再进行新一轮的培训和实战模拟，考察销售员是否弥补了不足之处，从而形成一个能力提升闭环。企业每进行一次实战模拟，员工的专业度就能得到一次提升。员工能力的提升速度，取决于企业组织实战模拟的频率。一位企业家跟我讲过一句经典的话：企业的黄埔军校一定要直接建在门店里。

如何把黄埔军校建在门店里呢？最好的方法是在企业的生态圈内形成通关文化。所谓生态圈，不仅包括企业内部，还包括外部合作伙伴，比如代理商、经销商、零售商。我辅导过的企业，几乎都在内部形成了一种通关文化：每半年或每季度举行一次大通关，每月举行一次中通关，每周或每日举行一次小通关。现在，我开始引导企业帮助外部合作伙伴，尤其是代理商、经销商和零售商形成通关文化。

抓过程

解决了销售团队专业度的问题，接下来企业还要抓好销售过程。

今天许多销售管理者都以结果为导向，他们还停留在看业绩的阶段，但真正聪明的管理者都遵循因果导向：要想"果"上可控，必须"因"上精进。一旦控制好销售过程，企业就能控制好销售结果。否则，当知道结果的时候，一切都为时晚矣。因此，真正厉害的管理者不会只盯着结果，而是会提前设计好作战地图，并做好销售过程的品质管控。

作战地图如何设计呢？假设企业今年要完成10亿元的业绩，那么要想完成这个目标，整个销售过程包括六个关键点。

- 这10亿元靠哪些客户贡献？研究客户的分层分类管理。
- 这10亿元靠哪些产品完成？根据不同客户的画像，研究产品的分层分类标准。
- 这10亿元靠哪些团队实现？根据客户画像和产品画像，研究团队的分层分类管理。
- 要想完成10亿元的业绩，员工应该如何做？针对不同类别的客户，研究有效的销售动作。
- 有了销售动作，要不要量化它？研究如何科学量化各个销售动作。
- 量化完成后，要不要考核？为每个销售动作匹配相应的考核机制。

通过以上六个步骤，企业可以提取出作战地图的六个关键要素：客户、产品、员工、动作、量化、考核。接下来，企业还要靠三查系统（见第七章）来保证销售团队严格执行作战地图。

精机制

强专业解决了销售员"会不会做"的问题，抓过程解决了他们"能不能做"的问题，精机制则要解决销售员"想不想做"的问题。

一个人的动力源于哪里？对于大部分销售员来讲，晋升和薪酬是最重要的原动力。晋升和薪酬机制设计得是否科学，直接决定了员工会不会努力，以及往哪个方向努力。正如经济学大师哈耶克讲过的一句名言："坏的制度让好人作恶，好的制度让恶人从良。"

如何设计一套公平、公正、透明的绩效评价机制，并将绩效评价与晋升、薪酬挂钩呢？在第八章，我将介绍一套五星评定系统,这个系统能让所有员工实现"自己的薪酬自己做主,自己的晋升自己争取",这对于激发销售员的自驱力非常有效。

塑文化

除了导入激励机制,销售管理部还要塑造冠军文化,激活每个销售员成为冠军的意愿,用冠军文化牵引所有人往一个方向努力。为什么要在企业内部塑造冠军文化?因为销售员要与客户建立对等的关系,只有销售冠军才能更好地服务客户,助力客户也成为冠军。

如何塑造冠军文化?销售管理部要通过一系列销售管理动作来打造冠军团队。

(1)一个主题:激活内容

营销活动的本质是通过销售竞赛来调动员工的积极性。因此,销售管理部要多研究一些主题营销活动,使销售团队始终处于战斗状态。我过去经常在销售团队内部发起一系列主题营销活动,比如春季的"春雷行动"、夏季的"夏季脉动"、秋季的"秋收起义"、冬季的"冬猎行动"……活动内容可以结合不同季节的促销活动、新品推广活动。同时,企业可以通过每日"发战报"的方式,使销售团队内部形成你追我赶的竞争氛围。

行动教育就有一个名为"荣耀之夜"的传统:每年的12月31日,所有销售员都会出门拜访客户,直到晚上12点才回公司。新年钟声敲响的那一刻,所有员工开始狂欢,在总部载歌载舞,庆祝"荣耀之夜"的战绩。行动教育的销售数据显示,每年的这一天几乎都能创造一个月的销售额。

（2）一面旗帜：激活精神

还以行动教育为例，其营销团队内部流动着一面"冠军团队"旗帜，这面小小的旗帜激活了所有员工的团队精神。每位新员工在进入公司的第一天，就会被告知："你不是为个人而战，而是为团队的荣誉和使命而战。"当为团队做出贡献时，员工会从心底升起一种庄严感和意义感。

（3）一个目标：激活责任感

这里的目标包括团队目标和个人目标。团队目标会激活一个人对团队的责任感，因为任何一个人没有完成目标，不只影响个人，还影响整个团队。为了激活责任感，员工最好将自己的目标公开。

（4）一个标杆：激活动力

树立标杆就是为了激活销售员的动力，每个销售员都要在团队内部寻找一个冠军标杆。标杆既是学习的榜样，也是努力的方向，更是未来赶超的对象。

（5）一个对手：激活能力

除了树立标杆，销售员还要选择一个竞争对手。在军事演习中，我们经常看到红军和蓝军进行对抗演习。同样，这种PK（挑战）机制也被许多优秀企业导入。为什么这些组织都要导入PK机制？其目的是创造一种竞争氛围和紧张感，让所有人在"比学赶帮超"中不断提高能力。

曾经有一位企业家告诉我，在导入PK机制后，所有门店的员工都被激活了，他们每天都会在群里发自己的战绩，兑现PK金。导入PK机制一个月后，该企业最好的门店业绩上涨了30%，最差的门店业绩上涨了10%。

（6）一个啦啦队长：激活状态

如果要把营销管理者比喻为某种角色，那么我会将其比喻为啦啦队长。

啦啦队长的职责是激活团队成员的状态。尤其是在团队陷入低谷的时候，他能迅速提升团队的士气，快速激励员工。一般来说，常用的激励方法有四种：物质激励、精神激励、适时激励和强化激励。

（7）一个意志：激活持续力

这里的意志可以简单理解为口号，口号对于保持团队意志力是很有效的。以行动教育为例，每支销售团队都有自己的队名、队呼……这可以点燃团队的激情，使销售员保持持续战斗的意志力。

仅仅做到上述七点还不够，企业还要学会用荣誉来激活团队。一个组织里可能只有20%的人有自驱力，60%的人处于观望状态，20%的人在混日子。这个时候，激活组织最好的办法是，让跑在最前面的"头狼"先尝到甜头，以此来影响其他人争当"头狼"。人是环境的反应器，你奖励什么，就会得到什么。因此，冠军被如何对待，决定了冠军基因能不能被复制下去。

如何有效激励"头狼"呢？最简单的办法就是发奖。所有企业都应该学会发奖，因为在某种程度上，发奖本身就是一种生产力。企业至少要设计六个重要奖项：

- 明星奖：业绩前三名或前十名。

- 创新奖：新产品开发业绩第一名。
- 黑马奖：新员工业绩第一名。
- 耕耘奖：老客户深挖第一名。
- 培育奖：优秀的销售管理者。
- 总裁奖：总业绩第一名。

奖项设计好后，企业还要设计发奖流程，让发奖这件事充满仪式感和荣誉感。比如，企业可以给最重磅的总裁奖设计冠军奖杯，仅此一个奖项，企业在一年内可以举行大大小小数次颁奖大会：从横向看，冠军分为个人冠军和团队冠军；从纵向看，冠军包括年度冠军、半年度冠军、月冠军、周冠军和日冠军。这些颁奖大会是公司内部非常具有吸引力的活动。年度冠军和半年度冠军的颁奖大会可以在国内外的度假胜地举行，获奖者的家属可被邀请参加，且全部费用由企业承担。

当冠军的待遇令其他销售员感到羡慕时，越来越多的冠军就会涌现出来。

因此，销售管理部必须承担"氛围设计师"的角色，让每个销售员都发自内心地争当第一。上下同欲者胜，只有当企业从上到下都洋溢着一种冠军文化的氛围，所有人都在为目标努力时，这家企业才有可能成为第一。

以上是销售管理部的五大基本职责。知易行难，只有周而复始地做好这些基础管理工作，企业的业绩目标才能达成。

业务线：从"一刀切"到分层管理

在调研企业时，我发现90%的中小企业的业务线没有进行分层管理。无论是销售高手还是销售小白，每个销售员都有绝对的开发自由，遇到大客户就开发大客户，遇到小客户就开发小客户。所有人的考核方式都是一样的，无论是开发大客户还是开发小客户，一律每三个月考核一次，考核不达标就淘汰。同时，不论客户规模有多大，员工的基本工资和提成比例都是一样的……

这种"一刀切"的做法会带来什么问题？大量资源被浪费。

譬如，有些老员工明明已经达到了销售特种兵的水准，但他还是跑去开发小客户，为什么？考核机制倒逼他不得不这么做。大客户一般在短时间内开发不下来，为了不被淘汰，他只能选择开发"短平快"的小客户。但是，一个销售特种兵去开发小客户，这不是对员工时间和技能的浪费吗？同样，当新员工去开发大客户时，他的能级与大客户不匹配，最后把客户吓跑了，企业再去开发难上加难，这不是对客户资源的浪费吗？

如何杜绝资源浪费？企业只有一条路：精准。效率源于精准，企业只有针对不同的客户，精准匹配相应的资源，再匹配相应的管理机制，才能保证所有资源都不被浪费。

首先，企业要根据客户的规模，对员工进行分级管理。大客户匹配能级高的销售特种兵，这样双方才能在一个频道上对话；普通销售员则负责开发小客户，这样既不浪费客户资源，还能逐渐提高普通销售员的能力。

其次，员工管理机制也要分层。销售特种兵的考核周期为半年，因为大客户的开发难度大，开发周期长；小客户的开发难度小，普通销售员每三个月接受一次考核。

最后，销售特种兵的薪酬结构和普通销售员的也不一样。企业对普通销售员可以采用"低底薪+高提成"的方式，而销售特种兵面对的是大客户，开发周期长，企业可以采用"中高底薪+中低提成"的方式。

事实上，许多世界500强企业都会对销售团队进行分层管理，比如欧洲最大的电子公司——荷兰皇家飞利浦公司，其电子产品主要通过本地和国际零售商销售给全球消费者，该公司的产品线覆盖了从低端到高端、从低价到高价的广阔市场，这依赖于该公司建立了一整套多样化的分销系统，包括大型零售商、连锁零售商、独立零售商和小型专卖店等分销渠道。为了更有效地管理各个分销渠道，该公司为这些零售商量身打造了一个由分布在全球的关键客户经理组成的团队，专门服务百思买、家乐福、开市客、迪克森和乐购这样的领先零售商，这个团队的管理机制与普通销售团队的完全不同。

我又是如何想到对销售团队进行分层管理的呢？这源于我的一段职业经历。

在职业生涯的第一家公司，由于重视维护客户关系，我与不少经销商都成了好朋友。2000年以后，摩托车市场日渐式微，不少经销商开始转行。其中，一个与我交情颇深的经销商转行到物流行业做货代。在他的介绍下，我开始关注物流行业。

一个偶然的机会，我加入了一家当年风头正劲的物流公司，并且发现该公司内部居然有两支销售团队：一支是基础销售团队，负责开发普通中小客户；一支是项目销售团队，专门负责开发大客户。以上海分公司的50名销售员为例，其中40名基础销售员相当于普通士兵，每8个人负责1个片区的中小客户；10名项目销售员相当于特种兵，每2个人组成一个行业项目组，专门开发不同行业的大客户。

基础销售员如果在片区内遇到大客户，那么该怎么办？第一时间报备给公司，交给项目销售员锁定开发。

为什么不允许基础销售员开发大客户呢？原因有两点：一是基础销售员的能级不够，很容易开发失败，公司再派人开发难上加难，因为信任一旦被破坏了，重建会非常困难；二是基础销售员开发大客户的周期很长，企业会损失一定的机会成本。这个问题在很多企业中都非常严重。企业如果回头盘点自己的客户资源，就会发现不少客户在销售员手里一放就是5~8年，这是严重的资源浪费。

为了激发基础销售员向公司报备的积极性，我设计了相应的激励机制：只要基础销售员将大客户报备上来，公司就允许他们和项目销售员共同开发大客户，双方可提前约定分成比例，比如3∶7或4∶6。如此一来，基础销售员在向高手学习开发大客户技巧的同时，还能享受30%~40%的业绩提成，这总比一个人开发不下来要好。

由于这种分层管理方式在华东地区取得了非常不错的效果，北京总部借鉴这一思路，在总部加了一个层级——战略特种兵，专门负责开发在全国乃至全球范围内开展招投标的超级大客户。一旦有超级大客户在全国或全球范围内统一招标，战略特种兵就可以带领各分公司的特种兵共同服务超级大客户。至此，销售团队被分成三个层级：分公司基础销售团队、分公司项目销售团队、总部项目销售团队。

后来，这家公司甚至将这种分层逻辑进一步拓展到对分公司的管理上，根据业绩表现对所有分公司实行分级管理。比如我所在的上海分公司是一级分公司，广州、深圳分公司是二级分公司……不同层级的分公司，资源配置、管理要求、绩效考核都是不一样的。

这样做的最大好处是什么？优化资源配置的效率，让最优秀的员工服务最优质的客户，把最好的资源分配给最优秀的分公司。

客服部：深耕价值

销售决定入口，客服决定出口

销售部决定客户的入口，客服部决定客户的出口。然而，大多数企业只关注入口，忽略了出口。

由于每年都近距离接触数万家企业，我发现90%以上的企业存在一个共性问题：企业本身有很多好客户，但由于没有做好客户深耕，客户名单都放在抽屉里发霉了！许多客户在销售员手里一放就是许多年，结果员工还是没有把老客户的量做起来。其实，这些老客户的潜力巨大，只是企业不知道如何对老客户进行管理与深耕，"端着金碗讨饭吃"而不自知。

如何挖掘老客户的潜力呢？企业首先要完善组织架构——成立客服部，专门负责客户管理与深耕。当销售部将客户开发下来后，企业最重要的工作就是维护客户关系。一旦客户关系维护好了，客户就成了企业最大的资源，企业就能持续挖掘客户的深层次需求，将老客户越做越大。

遗憾的是，许多企业虽然在口头上强调要做好售后服务，但从组织架构上看，它们根本没有搭建负责客户管理的客服部。目前90%以上中小企业的现状是：客户管理要么由老板亲自负责，要么由销售员负责。无论哪一种方式，都会带来严重的后遗症。

如果把老客户交给老板管理，那么随着老客户越来越多，老板根本没有那么多精力去照顾这些客户。如果把老客户交给销售员管理，那么时间长了，销售员很容易形成"坐吃山空、坐享提成"的状态，其狼性会消失殆尽，销售技能也会逐渐退化。与此同时，随着老客户与销售员的私交越来越好，客户就不再是公司的客户了，而是变成了销售员的"私有财产"。20多年前，我在管理营销部门时就发现，总公司将花了大力气才拿下的客户交给分公司维护，结果时间一长，该客户被分公司总经理撬走了。

如何守住这些客户呢？我一直在思考这个问题。一开始做业务时，我自掏腰包请客户喝酒、吃饭，带他们到全国各地旅游，希望靠"拉关系"来解决守城的问题。最后我发现竞争对手也可以这样做，甚至可以比我做得更好。所以，这些小恩小惠解决不了根本问题。我慢慢意识到：与喝酒、吃饭、拉关系相比，客户真正需要的是企业为其创造的价值。靠价值维护的关系，远比靠吃饭、喝酒牢固得多！

因此，企业唯一的解决之道是培育出强大的客服部和客服能力，安排专门的团队负责客户管理和深耕，持续为客户创造价值。当然，我不建议企业一上来就搞人海战术，企业要先追求质量：

先追求人效，再追求人数；先把客服部的职能完善起来，再逐渐扩大客服团队。

客服管理五件事

客服部的主要职能是什么呢？与销售部一样，客服部也要分为业务线和管理线。

与销售部的业务线一样，客服部的业务线也要分类管理。针对中小客户，企业可以成立呼叫中心，并对客户进行会员制管理。比如，顺丰就将会员分为8个等级，从低到高分别为普通、黑铁、青铜、白银、黄金、铂金、钻石和黑钻会员。在分级的基础上，顺丰为会员设计了20种专享特权，包括快件免费保管、专线客服、定时派送、寄件满赠、保价优惠、保鲜优惠、包装返券、首寄奖励、储值返利、生活特权、升级有礼和生日有礼等。会员等级越高，享受的权益就越多。今天很多优秀企业都采用了类似的会员管理模式。

相比中小客户，大多数企业对大客户缺乏深度管理和高价值服务。企业应该安排专业的项目客服对大客户提供一对一服务，尤其是4A级以上的超级大客户，企业甚至要成立专门的项目组对客户进行绑定管理。关于如何对大客户进行绑定管理，我会在第九章详细阐述。本章重点讨论客服部的职能，这是大部分中小企业亟须补上的一课。

总之，客服部的主要职能是做好以下五件事。

客户分层分类管理

上文提到的会员制管理就是一种对客户的分层分类管理。生活中最常见的案例是，航空公司和星级酒店向客户发放白金卡、金卡、银卡……每一种卡对应不同的服务权益和服务流程。本质上，分类就是给客户贴标签，而贴标签的目的是提高资源利用率。针对不同层级的客户投入不同的资源，这样企业才能保证将最好的资源用到最有价值的客户身上。

如何对客户进行分层分类管理呢？企业首先要建立分类标准。分类标准确定后，企业再针对不同层级的客户，投入相应的资源：采用什么样的服务模式？匹配什么样的服务团队？提供什么样的服务菜单？建立什么样的服务流程？这些工作都由客服部的管理线负责。

客户终身档案管理

在调研企业时，我发现不少企业的客户信息都留存在销售员手中，而不是企业的客户管理信息库。一旦销售员离职，企业就会与客户失联。

要想解决这个问题，企业必须做好客户终身档案管理。从锁定目标客户开始，客服部就要收集客户的信息并为客户建立终身档案。客户终身档案的重点在于记录和跟踪客户的需求，客服部员工可以通过查看购买记录、询问客户等方式，了解客户的一般需求、个性需求和隐性需求，并对每个客户单独建档。事实上，这些数据资产是企业的核心资产，它能指导企业做好客户精细化运营，从而实现客户终身价值的增长。

例如，四季酒店的每家分店都有一名"宾客历史学家"，负责追踪每一位客户的偏好。一旦企业保留了详细的客户档案，新人刚接手就能很快了解客户需求，进而提供个性化的产品以及服务。

另一个类似的案例来自丽思卡尔顿酒店：为了不断改善客户的服务体验，丽思卡尔顿酒店收集了大量客户对于酒店运营、服务、员工行为方面的反馈数据，这些数据使得丽思卡尔顿酒店能够在客户到达之前，就为客户做好个性化设置，比如温度设置、食物和饮料选择、房间安排。因此，丽思卡尔顿酒店可以保持良好的顾客忠诚度。

数智化管理

未来的企业一定是数字化、智能化的，如何利用数字化工具赋能营销团队，进而更好地实现客户终身价值最大化，是所有企业都要思考的问题。

数字化是近年来的热门话题，不少企业为了赶时髦，上线了数字化系统。但遗憾的是，它们不理解数字化系统的本质——更好地管理客户。由于缺少对数字化系统的本质思考，不少企业将数字化系统交给信息部门，这导致数字化系统只起到采集数据的作用，并没有提高营销部门的战斗力。

事实上，企业不应该只满足于数字化系统的记录功能，还要充分发挥数字化系统强大的分析能力、预测能力、管理能力。企业对数字化系统的应用主要体现在以下三个方面：

- 基于对业务数据的统计分析，指导和调整业务决策。比如，企业可以通过大数据系统更精准地锁定客户画像。
- 支撑客户的全生命周期管理。客户开发进来后，企业可以通过数据分析，及时了解客户动态，比如客户的异动、流失，进而赋能营销团队，确保员工为客户提供更好的服务。

- 赋能生态伙伴。企业还要与代理商、渠道商等合作伙伴进行数据连接，从而在第一时间感知客户需求的变化。

今天不少企业虽然都上线了数字化系统，但仅仅收集了一大堆数据，并没有真正赋能团队。大多数企业只注重数字化系统的前端开发，忽略了后端的客户管理和客户维护。要想解决这个问题，企业应该把相关数字化系统交给客服部。而且，客服部还要将数字化系统升级为数智化系统。

两者有什么区别呢？与数字化相比，数智化的重心是对客户数据进行智能管理。比如，数智化系统能否向营销团队发出预警，提醒销售员"某位大客户出现异动，要尽快对这位客户进行拜访"，并根据异动原因匹配相应的挽回措施？数智化系统能否提醒营销团队哪位客户目前具备进一步挖掘的潜力，并提醒销售员快速对这类客户进行二次开发？数智化系统能否指导销售员对流失客户进行激活？

随着数据分析、机器学习和人工智能的进步，数智化系统不仅可以通过收集客户数据来帮助企业更好地了解和分析客户的需求，还可以根据客户的需求为其定制高度个性化的产品、服务、活动等。

如果你的数智化系统还停留在收集数据的阶段，那么是时候重新审视它了。

维护分析管理

经常有老板向我抱怨：大客户流失了很长时间都无人察觉。这说明什么？这家企业没有对客户进行维护分析管理。企业如果没有持续关注客户的动态，就无法捕捉到客户流失的信号。

为了跟踪每一个重要客户的需求变化，客服部每月要结合数智化系统进行大数据分析，及时提交《客服月报》。该报告要重点关注VIP客户的情况，分析在过去的一个月内，哪些客户的交易额上升了，哪些客户的交易额下降了，哪些客户在流失。一旦发现客户的交易额有下降趋势，企业就要召集营销三大部门以及其他相关部门开会，调研业绩下降的原因，及时对症下药，挽回客户。

在《客服月报》的基础上，客服部每个月还要专门向重要客户发送一份定制的《客户维护分析报告》，详细介绍现有合作项目的进展。比如，我之前所在的公司会详细分析：在过去的一个月内，企业为客户提供了多少物流服务以及同比或环比变化了多少，每条路线的费用是多少，丢失率是多少，赔损率是多少……这个报告看似简单，但能极大地提升客户的感知价值。曾经有一位跨境电商行业的企业家参考了我们的做法，每个月也给他的VIP客户发送一份《客户维护分析报告》。半年后他告诉我，这些VIP客户的满意度明显提升了。

健全客服制度和流程

一位老板向我抱怨，经常有客户投诉到他这里。如果这种现象经常发生，那么这暴露了一个问题：这家企业客服部的基本制度和流程不健全。

实际上，处理投诉对客户的影响巨大。《营销管理》一书披露过一组数据：在不满意的客户中，只有5%的客户会投诉，剩下的95%通常只是默默地停止购买；而一旦投诉问题得到解决，

50%~70%的人可能会再次购买；如果客户觉得投诉问题得到了迅速解决，那么这个数字会上升到惊人的95%，并且这些客户平均会向5个人讲述他们的良好待遇；然而，不满意的客户平均会向11个人抱怨他们的遭遇。如果听到这些遭遇的人再传播给其他人，那么传播负面口碑的人数可能会呈指数级增长。

下单、受理、查询、投诉、理赔、仲裁，这是基础客服必须做好的六件事。服务企业十年来，我发现很多企业的流程设计存在大量问题：真正为客户创造价值的流程严重缺失，而无法为客户创造价值的流程比比皆是。这也导致许多企业表面上忙得不可开交，实则人均效率极低。

为什么？因为这些流程是由不了解一线业务的人员设计的。真正有效的做法是从客户角度出发，围绕客户与企业的每个触点设计相关服务流程，下单、受理、查询、投诉、理赔、仲裁中的每一个环节都要细化为标准流程。

不同级别客户的投诉如何处理？处理完投诉后，如何主动对客户进行回访？所有与客户维护相关的制度、流程和机制都需要客服部的管理线组织优秀客服人员进行多次头脑风暴，并及时将成果编入《客服宝典》，从而形成客服部的文化资产。

至此，三大部门的关键职责就梳理清楚了，围绕客户全生命周期：市场部锁城定位，销售部攻城占位，客服部守城上位。今天大部分中小企业只关注攻城占位，忽略了锁城定位和守城上位。企业如果以终为始进行思考，并围绕客户终身价值进行管理，就必须将营销部门一分为三，让不同特性的员工都发挥自己的长处：有灵性的人负责锁城定位，塑造客户价值，为销售部提供定位和武器；有狼性的人负责攻城占位，实现客户价值，将客户开发进来；有耐性的人负责守城上位，持续深挖客户需求，深耕客户价值，将客户越做越大。三大部门最终形成合力，为了客户终身价值最大化这个共同目标一起努力，从而使企业彻底打通"新客户—老客户—大客户—新客户（转介绍）"的圆形闭环。

为了让三大部门更好地协同作战，企业还要设计一个例会机制：每周，市场部、销售部和客服部都要召开一次碰头会。召开碰头会的目的是对企业的所有高价值客户进行盘点：重点客户目前分别处于生命周期的哪个阶段？针对每一位重点客户，三大部门还有哪些地方没有做到位？接下来各个部门还可以为重点客户提供哪些价值？通过这样的例会，企业可以持续跟踪客户的状态，并思考自己还能为客户创造哪些价值。

第四章
锁定高价值客户：从乱枪打鸟到精准锁定

取一舍九：识别高价值客户

我发现许多中小企业不会对客户进行筛选。不论客户的大小、好坏，照单全收。但是，如果以终为始来看这个问题，那么这种做法一定是错误的。

为什么？因为企业的最终目标是实现客户终身价值最大化，而实现这个目标需要企业投入成本，既包括向客户投入的人财物，还包括时间和精力。即便是排名世界第一的企业，其资源也是有限的；即便是世界首富，他一天也只有24个小时。所以，资源的稀缺性决定了企业在投入成本时必须谨慎。企业不能分散资源、时间和精力，而是要取一舍九：放弃低价值客户，将资源集中到能够给企业带来回报的高价值客户身上。

商业的底层逻辑是先义后利，这并不代表义和利是对立的。

相反，义和利必须"合一"。因为如果没有利益回报，那么企业都活不下去，也无法服务别人。只有"义利合一"，企业和客户才能真正实现终身绑定。基于这个逻辑，企业要想实现客户终身价值最大化，首要任务是筛选并锁定一群少而精的高价值客户。譬如，项目制类型的企业要锁定自己的大客户；经销商、代理商、加盟商类型的企业要锁定自己的"大商"；门店或电子商务类型的企业则要锁定自己的大会员。企业的任务就是为这一小群人提供优质的产品和服务，让这一小群人感到满意并留住他们，帮助他们越做越大。而他们会回馈给企业价值，让企业也越做越大，最终形成一个良性循环。

100多年前，意大利经济学家帕累托发现了一个规律：在意大利，20%的人口掌握着80%的社会财富。随着研究的深入，他发现这个规律适用于社会的方方面面。也就是说，任何事情都可以分为两类：一类是关键的20%，它决定了80%的成果；另一类是不太重要的80%，它只能贡献20%的成果。客户管理中同样存在二八定律：一家企业80%的业绩是由20%的关键客户贡献的。因此，企业首先要区分：哪些客户是关键的20%，哪些是不太重要的80%。基于此，企业再将资源投到20%的关键客户身上。

为了进一步优化资源投入效率，企业还可以筛选出20%关键客户中的20%——4%的超级客户。如果企业有100个客户，那么只有4个客户能贡献80%业绩的80%——64%的业绩。沿着这个思路，企业可以继续筛选4%超级客户中的20%——0.8%的高价值客户，这些客户决定了64%业绩中的80%——51.2%的业绩。

如果四舍五入，那么最关键的1%高价值客户将决定企业51%的业绩。

以终为始来看，企业要想实现客户终身价值最大化，就必须先选对客户，找准客户画像，锁定1%的高价值客户。只有锁定了那些值得企业一辈子用心服务的客户，后续的一切付出和努力才有意义。

盘清家底：你有高价值客户吗

如何才能锁定1%的高价值客户呢？企业首先要盘点自身的客户结构。

经常有企业家告诉我，公司去年的销售额超过了10亿元。其实，真正重要的不是这10亿元，而是这10亿元是由哪些客户贡献的。也就是说，重要的不是收入规模，而是收入背后的客户结构。

什么叫客户结构？它是指企业的大中小客户的占比。如果10亿元主要是由零散的小客户贡献的，那么这说明企业还没有找到真正值得投入资源的那群人。因此，我经常提醒企业盘清家底，研究自己的客户结构。

遗憾的是，今天许多老板和高管都不了解自己的客户结构。其实，每家企业都有大客户、中客户、小客户，这些客户构成了一个金字塔。底部的大石块相当于企业的大客户，中石块相当于中客户，小石子相当于小客户。如果企业的销售额看起来很高，但几乎都是由小客户贡献的，那么其未来的业绩可能难以为继。

为什么大客户更稳定呢？因为大客户代表的不仅仅是规模，更是强大的内在生命力和抗风险能力。同样面临一场经济危机，小客户肯定更容易夭折。所以，如果一家企业的客户结构合理，有足够多的大客户做支撑，它就可以更好地抵御风险。反之，如果企业的业绩全部由中小客户贡献，那么一场金融危机、一次疫情……都可以瞬间让企业的业绩下滑。

新冠肺炎疫情期间，许多企业倒闭了。我调研发现，倒闭的企业主要是两大类。一类是产品没有特色的企业。我经常讲，企业要满足客户的四大需求，即一般需求、个性需求、隐性需求、预售需求，但今天很多企业的产品只能满足一般需求。一般需求意味着同质化，而同质化必然会带来价格战。另一类是客户结构不合理的企业。这类企业的零散客户很多，含金量不高的客户很多，忠诚度不高的客户很多……说白了，企业没有核心的战略大客户。不合理的客户结构加上没有差异化的产品和服务，许多企业率先退出市场，接下来会有更多类似的企业倒下。

因此，大客户是金字塔中的巨石，是客户结构的根。今天很多企业把这些巨石扔掉了，捡了一块又一块小石头。但是，这些小石头是无法支撑金字塔的。事实证明，这几年业绩增长不受新冠肺炎疫情影响的企业，基本上都是客户结构比较合理的企业。如果企业的业绩在不停徘徊，没有增长或者波动非常明显，那么管理者一定要盘点一下自己的客户结构。

2008年，顺丰也受到了金融危机的冲击。作为营销部门的负责人，我迅速盘点了公司的客户结构，发现公司80%以上的客户都是小企业或零散客户。金融危机来袭，这些小企业或零散客户的业务立马出现断崖式下滑。怎样走出危机？唯一的办法是调整客户结构，向大客户发起进攻。幸运的是，我们用一年时间就拿下了近百名大客户。时至今日，顺丰已经成长为规模达几千亿元的行业巨头。

我发现许多老板都存在一种典型的心态："我们公司的规模还很小，不如顺丰那样有实力，只做大客户是不是不现实呢？"

老鹰飞在万米高空，大雁飞在千米高空，麻雀飞在百米高空，苍蝇、蚊子飞在十米以内。最后你会发现，老鹰可以活七十年，大雁能活十几年，麻雀只能活两三年，苍蝇、蚊子只能活几个月。如果企业一开始就把自己定位在麻雀甚至苍蝇、蚊子的高度，那么最多只能活一两年。因此，企业从一开始就要选择高标准，哪怕现在还不是老鹰，也要把自己定位为小鹰，并瞄准大客户。

为什么要开发大客户？因为越是大客户，其要求和标准就越高。我与许多优秀的企业家有过交流，他们都是通过开发顶尖客户来倒逼自己成功的。在锁定了大客户后，企业必然要按照大客户的标准，不断迭代自己的产品和方案，提升自己的组织能力，锻炼自己的团队，优化自己的服务流程……蓦然回首，企业会发现自己早已脱胎换骨。

5A 客户分层分类管理

企业必须对客户进行分层分类管理。这就好比水果店将水果分成不同的等级，然后贴上不同的标签和价格。同样，每家企业的时间、精力和资源都是有限的，它不可能为每一位客户都投入同样的资源。只有将客户分层分类，企业在配置资源时才能有的放矢：要不要为某位客户投入资源？如果要投入资源，那么应该投入多少？

20多年前，我在刚开始做管理时就忽略了这个问题。当时，我鼓励手下的销售团队：什么客户都要开发，对所有客户都眉毛胡子一把抓。最后我发现，企业如果没有对客户分层分类，就非常容易将客户做"死"，因为资源不匹配。譬如，当销售新人去开发大客户时，因为专业能级太低，他根本不可能和大客户形成对等的谈话频道，最终客户认为这家公司不专业。一旦客户形成了不好的第一印象，企业后面再派高手去开发会难上加难。因此，从本质上看，对客户分层分类是企业后续进行资源配置的依据。如果没有对客户分层分类，那么企业后续的所有子弹可能都无法击中靶心。

接下来的问题是：企业应该用什么标准对客户进行分层分类？在辅导企业的过程中，我看到很多企业的分层分类做得不科学。

举个典型的例子：许多企业只是简单地按照收入进行分类，将客户分为A、B、C级或者钻石、铂金、黄金、白银、青铜。其分类标准过于单一，从而导致分类不精准。我过去也曾按照收入对客户进行分类，结果发现许多大客户都属于典型的"鲨鱼"客户——他们仗着自己的下单量大，不断压低价格。这导致企业的利润微薄，最终企业获得不了多少客户价值。因此，企业一定要综合多个维度来考量，还要参考不同销售类型来设计分类标准，综合评估客户的价值。

结合各种销售类型的实际应用场景，我建议企业从以下五个维度设置分类标准。

维度一：收入

客户贡献的收入是最基础的评价指标。一般来说，客户贡献的收入越高，其价值就越大。需要提醒的是，这里的收入不仅包括已经产生的收入，还包括客户未来可能产生的收入。

具体来说，不同销售类型的企业应该如何评估这一指标呢？

- **门店型企业**。门店型企业面对的大客户通常是大会员。企业只要调取会员卡的消费记录，就可以锁定大会员。企业可以根据会员的消费金额，对其进行分级。以星巴克为例，客户每次去店里消费都可以把星享卡交给店员刷卡积分，每消费50元就可以积一颗星星；积满4颗星星，升级为玉星级；积满20颗星星，升级为金星级；每年在客户账户的周年日，星巴克会自动将星星清零。当然，不同级别的会员可以享受不同级别的权益。比如，玉星级客户的权益是获得3张有效期为7天的消费券：晋级券——晋级当日发放；生日券——生日当日发放；金星在望券——升级金星途中的奖励券。而金星级客户享有一个特殊权益：9颗好礼星星可兑换1杯中杯咖啡。
- **经销商类型企业**。经销商类型企业面对的直接客户是经销商，因此它需要锁定大经销商。这包括两种方式：一种是从现有经销商中选拔标杆经销商进行内部培养，另一种是从外部吸引优秀的经销商。在从现有经销商中选拔标杆经销商时，企业应该重点关注两个指标：一是经销商的回款收入，回款收入统计的是经销商的历史收入；二是经销商的市场占有率，市场占有率越高，其未来可能产生的收入就越高。企业可以通过了解经销商的市场区域覆盖率、二级分销商的个数，以及经销商的终端网点情况来预估其未来收入。假设某个经销商有100个网点，每个网点每年平均贡献100万元的业绩，那么其预期收入就是1亿元。在从外部吸引优秀的经销商时，有些企业会直接锁定竞争对手的二级分销商。一般来说，竞争对手的标杆经销商的忠诚度很高，但它的二级分销商则比较容易被说服，因为二级分销商本身就不被重视。只要这些分销商有足够的意愿和实力，企业完全可以将其培育为大经销商。

- **项目制类型企业**。项目制类型企业面对的通常是企业端的大客户。针对企业端客户，项目制类型企业除了要考虑客户当年可能产生的订货金额，还要兼顾客户的中长期业务规划，将客户未来的潜在收入考虑在内。这需要营销人员深入调研和分析客户的中长期业务规划，并研究后续的客户绑定管理和高价值服务，思考能否将这些企业端客户越做越大，甚至将对手手中的份额抢过来。

维度二：利润

企业不能只关注客户贡献的收入，收入之上还有其他重要指标。能贡献收入的客户就一定是好客户吗？不一定。

许多体量大的客户都有一种"店大欺客"的思想，表面上看，这些大客户贡献的收入很高，但实际上根本没有给企业带来多少利润。因此，企业要时刻提醒自己：客户贡献的收入必须能带来利润，有利润的收入才是高质量的收入。如果客户贡献的收入很高，却没带来什么利润，那么它不算是高价值客户，甚至需要被砍掉。

对于不同类型的企业而言，评估利润的方法也有所不同。

- **门店型企业**。一般而言，门店型企业的产品都是标准化产品，企业很容易就能计算出会员的利润构成。
- **经销商类型企业**。经销商类型企业在评估利润时，除历史利润外，还需要考虑以下几点：一是经销商在区域市场设定的产品价格是否符合总部的要求，同时不与其他对手打价格战；二是经销商是否有串货等违规行为；三是经销商是否提供了终端客户所需的增值服务，因为增值服务会带来增值价格和更高的利润。
- **项目制类型企业**。项目制类型企业的利润可以根据订单金额计算，在此不过多解释。

维度三：诚信度

诚信度是企业容易忽略的一个重要指标。如果客户的账面利润很高，但都是应收账款，最后钱收不回来，那企业等于白做。这个问题在项目制类型企业中比较常见。

曾经有一位做预制菜业务的企业家向我请教："陈老师，我们服务了许多知名餐饮品牌，但有个核心问题是，不少餐饮品牌到期不付账，怎么办？"这个问题暴露出这家企业在销售管理中，缺乏对客户的诚信管理。

事实上，越是大客户，企业越需要评估和管理其诚信度。企业每服务一位大客户，都要在售前、售中、售后持续关注客户的诚信度：售前，为客户建立档案，填写《大客户诚信评估表》，了解客户过去是否存在拖欠货款等行为；售中，销售员及时跟进客户是否按合同履行付款义务；售后，建立预警机制，一旦客户超过账期不付款，企业就要在一天内采取相关措施。经过售前、售中、售后的诚信度管理，诚信度排名前十的标杆客户，就是值得企业锁定并定期维护的重点客户。

门店型企业基本都是现货现结，不存在诚信度问题。而经销商类型的企业可以从回款速度、应收账款的账期以及提货是否准时这三个维度来综合评估经销商的诚信度。

维度四：人均效能

第四个重要指标是人均效能。人均效能也叫人均劳动效率，是指每个人在一定时间内为企业贡献的价值。它是评估人力资本投入产出比的最重要的指标。因此，真正衡量企业效率的不是利润，而是人均效能。

假设某项目制类型的企业有两位诚信度都不错的大客户，它们每年都能贡献1 000万元的利润。但是，A客户只需要4个人为其提供服务，而B客户却需要8个人，请问谁的价值更高？表面上看，这两位客户创造的利润是相同的，但实际上，两者的人均效能相差一倍。因此，A客户比B客户优质。

事实上，即便是门店型企业，也应该考虑人均效能。举个例子：如果A门店一年创造1 000万元的收入需要5 000名会员，而B门店一年创造500万元的收入也需要5 000名会员，那么A门店会员的人均效能就远远超过了B门店会员的。

经销商类型的企业也应该评估一下人均效能。我在辅导一家经销商类型的门锁企业时，要求它为经销商提供驻站式服务。假设这家企业为两个经销商分别派出了一位驻站服务专员，A经销商一年可以为企业贡献1亿元的销售额，而B经销商一年只能贡献2 000万元的销售额，那么二者的人均效能相差5倍。

维度五：难易度

最后一个指标是难易度。这个指标对于项目制类型企业来说，尤其需要引起重视。经常有一些规模较大的客户仗着自己体量大、贡献大，向企业提出许多霸王条款，这些霸王条款通常要求企业满足其个性需求。这类客户服务起来难度非常大，因为如果企业无限度满足这些客户的个性需求，企业的成本就会非常高。

曾经有一家外贸公司的董事长告诉我，他的公司有几百款产品，其中大部分产品都不赚钱。为什么不砍掉这些不赚钱的产品呢？原来，这些产品都是老客户下单的定制产品。为了防止客户去别处下单，无论客户提出什么样的个性需求，这家公司都会投入大量资源进行研发。然而，由于产品过于个性化，其他客户并不需要，最终该产品的销量上不去。

如何摆脱这种窘境呢？我建议企业从一开始就评估客户的难易度，平衡个性化和标准化的关系，平衡成本和客户体验的关系。通常情况下，标准化带来的是量的提升，个性化带来的是质的飞跃。企业的规模来自标准化产品，但是，如果企业提供的全是标准化产品，那么它难以满足大客户的个性需求。因此，企业必须在两者之间找到平衡：左手抓标准化，右手抓个性化。企业应根据客户的实际情况，研究哪些客户只能享受标准化产品，哪些客户可以享受个性化产品。如果客户真的需要某些个性化产品，那么企业还可以考虑将业务外包给其他公司。

一般来说，这种情况在门店型企业中比较罕见。但是，经销商类型的企业会遇到这种情况，比如客户要求铺货以及提供不合理的区域保护和大量广告支持。

如表4-1所示，根据以上五个维度，企业就可以计算出每个客户的总分。按照分数高低，企业可以将所有客户评定为1A到5A客户。比如，总分为31~35分的客户是5A客户，总分为29~30分的是4A客户，总分为26~28分的是3A客户……以此类推，客户得分越高，级别越高，质量越好，价值也越大。接下来，企业就可以按照客户的等级为其匹配相应级别的资源，并设计相应的服务流程。

表4-1 客户分层分类管理 （单位：分）

客户级别	收入					利润					诚信度					人均效能					难易度					总得分
	5	4	3	2	1	5	4	3	2	1	5	4	3	2	1	5	4	3	2	1	5	4	3	2	1	
A																										
B																										
C																										
D																										
E																										
F																										
G																										

需要提醒的是，客户的分层分类标准不是一成不变的，每年都要随着企业的发展阶段进行动态调整。譬如：当企业只有1亿元的规模时，可能年交易额超过100万元的客户就是5A客户；随着企业发展到10亿元，5A客户的交易额标准可能要提升到500万元。同样，随着客户画像越来越精准以及销售员专业能力的提升，未来5A客户的人均效能也要提升。总而言之，企业要用动态发展的眼光来看待客户的分层分类标准。

有了清晰的客户分层分类管理机制，企业才能知道要为不同层级的客户匹配什么样的产品和服务，要招聘和培养哪些人才去服务客户，以及要匹配什么样的流程和机制。也就是说，企业要建立对客户进行分层、分级、分段科学管理的标准流程及制度，并让所有动作都围绕客户终身价值一以贯之，这就是客户分层分类管理的意义所在。

第五章
围绕客户终身价值设计产品：
从一次性产品到一辈子的方案

产品由客户定义，而不是企业

在锁定高价值客户后，企业接下来就要为客户设计产品了。企业必须先知道客户的需求是什么，这样才能设计出令客户满意的产品。然而，大部分企业不会先调研客户需求，而是直接去设计产品，甚至直接复制市场上成功的产品。

这就指向了一个本质问题：客户到底在买什么？这是一个大多数企业都没有想清楚的关键问题。其实，客户买的不是产品，而是产品背后的价值。大多数企业最容易犯的错误就是站在自己的视角来定义产品，它们思考的是要卖给客户什么（从现有产品中选择），而不是客户想买什么（根据客户的需求设计产品）。

站在客户的视角看，你会发现客户眼中的产品价值可能与企业想象的截然不同。举个例子，在美国中西部地区，有一家生产专用润滑油的公司，它的产品主要用于大型推土机和拖运机、清理露天矿山表层岩土的重型设备、重型卡车等。在专用润滑油细分领域，这家公司占据了超过50%的市场份额。

说到这里，也许你的大脑中已经浮现出一幅国际大公司的画像。但实际上，这家公司只有中等规模，而它的对手却是一些资源极其丰富的大型石油公司。那么，这家公司为什么能战胜强大的对手？秘密就在于，它对"客户买的是什么"的认识比对手更深刻。

本质上，这家公司卖的不是润滑油，而是一种保障。在它看来，客户真正需要的并不是优质的润滑油，而是维持设备正常运转。对于客户来说，一台设备停工一小时造成的损失，远远超出其一整年的润滑油开支。而且一旦没有按时完成工程，通常会面临巨额罚款。

因此，这家公司采取的竞争策略不是直接卖润滑油，而是提供设备无故障运行解决方案。它会先对客户的设备进行维护服务分析，然后提出年度维护计划和费用，同时保证客户的重型设备因为润滑油的问题而停工的时间不超过多少个小时。当然，这要求客户使用该公司的润滑油。

这个案例告诉我们：客户买的不是产品，而是解决某个具体问题的方案；客户买的不是产品，而是产品带来的成果。因此，企业要以成果思维来设计产品。大量的经验告诉我们：客户想要的往往不是企业所提供的产品或服务，客户对于产品和服务的价值认知常常与企业的认知有很大的出入。

大多数企业最容易犯的错误就是，以生产的产品或提供的服务来定义自己，而不是从客户视角来设计产品。一家美容企业的创始人告诉我，他们企业的产品是几十元到几百元一次的美容服务，但实际上，客户来做美容是为了变美，而基础的美容服务只是满足这种需求的一种产品而已。当用"客户想要变美"这一需求来界定业务时，企业就找到了基础美容服务以外的成长机会。在我的启发下，这家企业为客户设计了一套价值百万元的解决方案，内容从基础美容服务延伸到高端体检康复，以解决内在健康美的问题。这大大超越了竞争对手所提供的基础美容服务，该企业在短短几个月内拿下了数千万元的订单。

企业要先有客户画像，了解客户需求，再设计产品画像。在设计产品画像时，企业必须转向客户视角：重要的不是企业有什么，而是客户要什么。正如营销学大师菲利普·科特勒所言："从顾客获得的效用出发，从顾客购买的东西出发，从顾客的现实情况出发，从顾客眼中的价值出发，这就是营销的全部内涵。"

客户需求的四个层次

如何更好地洞察客户需求呢？企业要以终为始来思考。

客户价值管理的任务是实现客户终身价值最大化。而所谓的客户终身价值，不是简单地与客户建立长期客情关系，而是不断深挖客户的需求，不断满足客户更深层次的需求。一开始，企业就要基于全生命周期来探寻客户需求：第一年满足什么需求？第二年满足什么需求？第三年满足什么需求？……

按照深度，客户需求由浅入深可以分为四个层次：基本需求、个性需求、隐性需求和预售需求。每探寻到一个更深层次的需求，企业所研发的产品及方案就更加具有竞争力，客户的黏性就越大，客户终身价值也就越大。

基本需求

基本需求可以称为一般需求或共性需求，比如买衣服、剪头发、做美容、寄快递……这些都是人们的共性需求。共性需求是企业必须满足的基本需求，如果企业连基本需求都满足不好，后续的需求就无从谈起，客户也不可能继续信任企业。因此，满足客户基本需求的产品需要企业花大力气设计和打磨，它是企业探寻客户更深层次需求的敲门砖。

事实上，即便企业满足了客户的基本需求，这也只能带来一般价格。今天中国90%的中小企业所提供的产品就在这个层次。在新冠肺炎疫情期间倒下的大多数企业，都是只能满足客户一般需求的企业。当对手也能满足客户的一般需求时，企业必然走向价格战。所以，企业要向更深层次探索，而不是止步于满足基本需求。

个性需求

再往内探寻，企业可能会找到客户的个性需求。

以快递行业为例，过去快递员把包裹送到门口就离开了，这满足的就是基本需求。但是，有一类企业正在为客户提供一项特殊的快递服务：假设你在网上购买了10件衣服，快递员帮你送到门口后，会站在外面等你，而你在屋内一边喝咖啡，一边惬意地试衣服，半个小时后，你打开门告诉快递员："我留这3件，剩下的你带走。"

快递员非但不生气，还很尊敬地回复："好的！"

不过，快递员在门外等了半个小时，你也不好意思只给20元的快递费。因为你会在心里算一笔账：如果打车去商场，并挑出3件满意的衣服，可能需要半天时间，那么打车成本加上时间成本不止七八十元。因此，不少人都愿意花钱购买这样的服务。

这催生了一种新的物流形态——落地配，它解决的不是"最后一公里"的问题，而是"最后零公里"。其实早在十几年前，我们就能从物流公司的发展走向中，敏锐地感觉到中国市场的变化。物流行业早期的上市公司都是大件物流运输企业、集装箱企业，这类企业的特点是一次性运送的量很大，运送的次数较少。后来的上市公司都是开展多批次、小批量业务的快递公司，比如顺丰和"四通一达"的核心业务是干线物流，它们解决的是"最后一公里"的问题。时至今日，市场上又涌现了许多闪送和跑腿公司，这些公司满足的就是客户的个性需求，解决的是"最后零公里"的问题。

整个物流行业格局变迁的背后，折射出中国经济的走向：从标准化走向个性化，未来个性需求一定会占据主流地位。因此，研究消费者的个性需求是企业的一个很重要的课题。今天国家提出的"高质量发展"，考验的就是企业能不能满足消费者的个性需求。如果企业能满足客户的个性需求，那么客户回馈给企业的一定是更高的溢价。

隐性需求

基本需求和个性需求都是冰山之上的需求，而客户有90%的需求隐藏在冰山之下。在产品高度同质化的时代，企业要洞察和挖掘冰山之下的客户需求——那些客户说不出来，但却真正想要的需求。

20世纪90年代，美国有一家做纸箱生意的企业，其毛利率极低。由于纸箱生意没什么技术门槛，它与其他纸箱公司也没什么差别，竞争自然非常激烈。一天，这家企业的销售主管去一家药企进行现场考察，意外发现客户居然会专门对箱子做库存管理。

客户为什么要这么做呢？原来客户害怕药品损坏，通常会在箱子的生命周期结束之前更换纸箱。这个发现让销售主管茅塞顿开：原来客户买的不是箱子，而是保证药品不受损害的服务，这才是客户的隐性需求。基于这个发现，这家企业提出了新的合作方案：双方一次性签订5年的长期合同，一旦合作期间药品损坏，该企业会照价赔偿。与此同时，该企业计算了客户在纸箱上投入的总成本，包括库存成本、运营管理成本以及采购成本，并在此基础上给客户打了八折。这样一来，客户不仅转移了风险，还得到了真正的实惠，自然乐于接受这个合作方案。

有了成功经验，这家企业如法炮制，用这个模式快速签下了更多药品行业和食品行业的客户。客户规模扩大后，这家企业又升级了纸箱的材料，将纸箱的生命周期延长了3倍。如此一来，虽然这家企业给客户打了八折，但它的毛利率却大幅提升。后来，这家企业成为美国最大的纸箱供应商。

从某种角度看，这家企业的成功源于它击中了客户的隐性需求。

为什么营销人员通常很难找到客户的隐性需求呢？可能是因为他们没有从全生命周期的视角来探寻客户需求。真正厉害的营销人员一定是以终为始地思考客户未来的战略目标的，围绕客户的战略目标顺藤摸瓜，最终找到客户的隐性需求。

预售需求

客户最深层次的需求是预售需求。如果企业能够探寻到预售需求，那么消费者就会听它的，为它的产品而尖叫。就像苹果手机，对于很多"果粉"来说，买了iPhone 13，还想要iPhone 14，因为苹果公司已经锁定了"果粉"的预售需求。

预售需求有三重境界：非买不可、不得不买、买了还想买。探寻到预售需求，意味着企业对客户需求的了解已经超过了客户自己。在发现和满足客户需求方面，该企业代表了这个领域最先进的生产力。因此，无论企业推出什么新品，都代表潮流，代表行业风向标。这是每家企业都梦寐以求的最高境界。

这是不是代表预售需求遥不可及呢？真实只要精心设计，任何一家企业都可以满足客户的预售需求。

三年前，我辅导了一个高端女装集团。这个集团旗下有六个服装品牌，并且在全国各地的高端商场开了数百家分店。每年，它都会为自己的VIP客户举办一场隆重的答谢会。每位受邀的VIP客户都可以带一个朋友参加。在答谢会的前半场，该集团不仅会邀请当红明星演出，还会为老客户举行颁奖仪式。在答谢会的后半场，该集团会安排模特走秀，让所有最新款的服饰在此时亮相。我曾经受邀参加了一场答谢会，当天晚上，答谢会现场来了200人。但是，这区区200人却当场贡献了几千万元。

你应该和我一样好奇：这家企业是如何做到一晚上成交额达几千万元的呢？原来，它在答谢会上推出了好几种套卡，每一种套卡都被赋予了一种身份，最高级别的套卡是终身会员卡，提供终身服装解决方案。通过这种方式，它锁定了客户的预售需求。

我经常听到很多企业抱怨自己的产品卖不上价格，其实这是因为企业没有找到客户的深层次需求。当企业只能满足客户的共性需求时，对手也能满足，企业没有别的选择，只能打价格战。企业如果能满足客户更深层次的个性需求、隐性需求甚至预售需求，就可以打价值战。这就是为什么企业要带领三大部门持续研究客户的个性需求、隐性需求、预售需求。

从四层需求到产品矩阵：客户全生命周期服务商

找到了客户的四层需求，企业就可以根据它们来设计产品矩阵。那么，四层需求如何转化为产品矩阵呢？我以一家教育集团为例，揭秘企业如何将不同层次的需求转化为产品矩阵。

1.0产品：满足基本需求——核心产品或尖刀产品

这家教育集团是一家做管理教育的上市公司。为了满足客户提升管理能力的基本需求，这家企业设计了两款1.0尖刀产品：一款叫"浓缩EMBA",可以帮助企业家掌握十大经营管理能力,对经营管理建立起一个系统框架认知;另一款叫"校长EMBA",可以帮助企业家深入学习经营管理的十大模块。这十大模块分别由十位在不同领域的一流企业里深耕超过15年的导师讲解。

2.0产品:满足个性需求——个性化产品或方案

在企业家系统学习的过程中,个性需求就涌现出来了。有的企业需要升级营销系统,有的企业需要开展人才培养,有的企业想建好财务体系……根据不同企业的个性需求,"校长EMBA",中的每个模块都有相应的方案班,这就是2.0产品。

两款尖刀产品属于大班课,而方案班则是小班课。每个方案班只能容纳4~5家企业,每家企业可以派6~8人共同学习。整个方案班历时四天三晚,导师每讲完一个模块,各家企业马上对授课内容进行讨论、消化,然后结合自家企业的实际情况,动手设计关于这一模块的落地方案。最后,落地方案由导师辅导完善。

3.0产品:满足隐性需求——一揽子、一站式组合产品

与前面的产品不同,3.0产品是为了满足客户的隐性需求,你可以把它理解为一种超值组合产品,比如为客户设计的一揽子、一站式组合产品。对于这家教育集团而言,3.0产品就是导师的入企辅导全案,即将多个产品组合为一揽子产品方案,导师全年陪伴企业将其落地,并且每个月都要根据企业的实际情况进行入企辅导。

4.0产品：满足预售需求——终身服务型产品或方案

4.0产品主要满足的是客户的预售需求，它的设计思路是与客户进行长期绑定。因此，4.0产品必须是锁定客户一辈子的方案，目的是让企业成为客户在某个专业领域的终身顾问。比如在营销模块，这家教育集团在研发4.0产品时有两大方向：一是成为企业的终身顾问，终身陪伴客户成长；二是打造营销智能化软件，通过软件将咨询标准化，从而为客户提供终身服务。

总而言之，产品设计一定要从不同层次的需求出发，依次用1.0产品、2.0产品、3.0产品和4.0产品逐步锁定客户的基本需求、个性需求、隐性需求和预售需求。

在辅导企业的过程中，我观察到许多企业在产品设计方面最大的痛点就是产品结构单一，它们通常只围绕客户的基本需求设计尖刀产品，妄想"一招鲜、吃遍天"。在创业早期资源不足的情况下，企业将资源集中在尖刀产品上无可厚非。但是，随着企业规模越来越大，服务的客户越来越多，企业要及时成立专门的市场部，从客户的个性需求、隐性需求和预售需求出发进行产品研发。通常情况下，这些产品不是一天设计而成的，而是企业在原有基础上不断发现新的客户需求，再不断叠加新的功能和模块。最终，企业一步一步发展成为客户的全生命周期服务商。

产品价值持续超出客户预期的秘诀

商业成功的本质是先义后利：企业要先为客户创造价值，成就客户，最终才能得到利润，得到客户为企业创造的价值。"义"

是指企业要通过自己的产品向客户传递独一无二的价值。企业所有资源的付出,都是为了让客户感受到产品的内在价值,让客户感到震撼。因此,顶尖高手会将产品的价值做到一千米深、一万米深,甚至十万米深,直到这个产品退出历史舞台。

这就无法回避一个问题:产品价值的深度是怎么来的?其实,答案并不神秘,它靠的是企业的专注、聚焦,靠的是将产品做到极致的工匠精神。因此,企业需要不断对产品进行打磨,将每一个产品的价值打透、打深,从而超出客户的预期。

只有经过长时间的打磨,企业才能确保产品背后的高价值。因为客户对价值的要求是逐步上升的,某个创新产品一旦出炉,很快就会成为行业的标配。所以,企业要想持续超出客户的预期,让客户持续感受到高价值,就必须不断对产品进行打磨和优化。

在与企业沟通时,我发现许多企业动辄研发几百款产品,但我深入了解后发现,每款产品为客户创造的价值都不大。因此,企业与其将100%的资源分散投入100个产品,不如将100%的资源投入1个产品,先将这个产品打磨到极致。接下来,企业再研发第二个产品、第三个产品、第四个产品……

那么,当企业有几百款产品时,它如何判断哪一款产品能为客户创造高价值呢?为什么企业要在这款产品上投入资源而不是其他产品呢?企业可以考察四项指标。

产品的收入和利润率

客户买的不是产品,而是产品的核心价值。什么指标最能代表产品的核心价值呢?收入和利润率。收入代表销售规模,利润率代表核心竞争力。如果这两项指标都排在前列，那么在一定程度上，这款产品能够满足客户的需求。

客户的复购率

企业还要考察客户复购率最高的是哪一款产品。复购率代表了客户对产品的认可度和忠诚度，反映了产品在客户眼中的价值大小。

对手的差异化

对于类似的产品，竞争对手做到了什么程度？商业竞争的逻辑是以己之长攻人之短，而非以己之短克人所长。如果对手的产品价值比你的高，你就要避开对手，与其错位竞争。

资本市场的市值

如何判断某款产品是否符合市场趋势呢？企业可以通过资本市场的市值或估值来判断，因为资本市场看的是未来价值。所以，纵观全球资本市场，标杆企业有没有上市？它如果已经上市了，那么市盈率有多高？市值有多大？

综合上述四项指标，企业就可以取一舍九，锁定自己的尖刀产品。锁定尖刀产品以后，企业再对尖刀产品进行全方位打磨，不断提升该产品的价值。

举个例子，行动教育是如何打磨产品，提升产品价值的呢？每个星期二，它都会雷打不动地举办一场产品"拍砖会"，即便遇上国庆长假和春节长假也照常举行。

"拍砖会"每次针对一个产品进行"拍砖"。行动教育要求每位导师不断升级自己的产品。"拍砖"的原则只有一条：美言不信，信言不美。其大意是：赞美的话虽然很动听，但没什么用；而批评的话虽然听起来刺耳，但是很有帮助。在这条原则的指导下，整个"拍砖会"的流程设计如下。

首先，每周选定一个产品进行"拍砖"，先由某位导师花20分钟的时间介绍这个产品有什么改进和更新，其带给企业的差异化、亮点和价值分别是什么。之后再由其他导师为其"拍砖"——直截了当地提出产品改进意见，这些意见通常都非常尖锐，比如"这个内容不够实战""这个内容没有站在学员的角度去讲"等。产品如果一次"拍"不到位，就要接受下一次"拍砖"，直到其价值得到所有人的认可。

"拍砖"是为了提升产品价值。该公司上市后，很多同行都在模仿它。那么企业如何确保自己的产品价值始终领先于对手的呢？只有一条路——持续迭代产品。事实上，不仅仅是产品需要打磨，从产品研发到产品交付的每一个环节都需要打磨，每一个岗位都要持续学习、持续反省和持续改进。

只要每天进步1%，企业就能持续实现产品价值的螺旋式上升。只要不断打磨产品，企业就能让客户的第二次体验比第一次的好，第十次的体验比第九次的好，第一百次的体验比第九十九次的好。

这遵循的是复利法则。企业如果专注于一件事情，每天进步1%，十年时间就能为客户创造独一无二的产品价值，这就是水滴石穿的力量。

当1.0产品打磨成熟以后，接下来企业还要按照同样的逻辑来打磨2.0、3.0、4.0产品，进而保证每款产品都能为客户创造优于对手的价值。以终为始来看，企业如果想实现客户终身价值最大化，就必须持续打磨、持续改进，这条路永远没有终点。

第六章
围绕客户终身价值建设团队：批量复制营销人才

批量复制＝选对人＋育好人

锁定了高价值客户后，企业就要为客户匹配相应的资源。第五章阐述了企业如何为客户设计产品，接下来企业还要为客户匹配营销团队。

一位睿智的企业家向我分享心得："这些贴近客户的一线人员必须是专业人才。"因为他们是公司和客户之间的直接纽带，他们代表了公司的形象，所以客户会通过一线人员的能力来判断公司的能力以及产品的价值。事实也确实如此，只有高能级的营销人员才能为客户创造更大的价值。而只有为客户创造更大的价值，企业才能实现客户终身价值最大化。因此，企业必须批量复制营销人才。

具体该怎么做呢？这包括两个关键步骤：

- 一是要选对人，企业首先要选择匹配高价值客户的高潜质人才。一旦种子选错了，企业再怎么培养也无济于事。
- 二是要育好人，企业要将高潜质人才培养成真正的高绩效人才，让他们具备为客户创造价值的能力。

也就是说，批量复制营销人才不是从培训开始的，而是从"选种"开始的。然而，今天许多企业在选人时缺乏高标准。从我对一线企业的调研来看，大部分企业的人才画像都是错的。它们常常为了招聘而招聘，没有根据客户画像来倒推人才画像。

我辅导过的一家集团型企业在2023年设定了一个平均人效目标：平均人效要从100万元提升到400万元。这意味着这家企业的营销策略发生了巨大变化。过去这家企业主要服务中小客户，因此人效比较低。它如果要完成平均人效400万元的目标，那么必须从服务中小客户转向大客户。但奇怪的是，这家企业依然沿用过去的招聘标准——招的都是一些刚毕业的大学生。

所以，这家企业从一开始就错了。它没有意识到一个问题：从中小客户到大客户，不只是客户规模的升级，这还会带来一系列标准升级。首先，这家企业的产品标准要升级，因为大客户通常要的不是标准化产品，而是个性化的一揽子方案；其次，招人标准也要提高，毕竟开发中小客户和开发大客户的人才画像一定不同；最后，管理和服务流程也要升级。

因此，在培养人之前，企业首先要思考：招的人对吗？人才画像是根据客户画像设计的吗？

反观大多数中小企业，它们没有思考过这个问题。许多企业家的梦想是做大老板，但实际上他们却是一副小老板的做派。他们有很大的梦想，却不愿意在招揽人才上下功夫。他们只有把企业变成黄埔军校，才可能成为真正的大老板。尤其是今天，中国已经从过去的增量市场转向存量市场，所有反应敏捷的头部企业都在抢客（客户）、抢商（代理商、经销商、零售商）、抢人（人才）。在这种大背景下，企业如何打赢人才争夺战呢？

抢人有抢人的策略，挖人也有挖人的策略。比如，我经常使用的一个策略叫"挖人5Q"。所谓"5Q"，其实就是以下五个关键词拼音首字母的缩写。

- 最有**前景**的行业。企业所处行业的容量有多大？行业增速如何？行业高于企业，选择比努力更重要。人才只有选对了行业，才能享受行业发展的红利。
- 最有**潜力**的企业。企业可以用讲故事的方式向候选人介绍公司的使命、愿景和价值观，为候选人描述企业十年后的样子。这就是为什么前文我强调企业的目标一定要高远，因为只有高远的目标才能吸引一流的人才。
- 最**前卫**的老板。除了入对行业、进对公司，人才还要跟对老板。创始人往往是企业的一面精神旗帜，因此企业还要展现老板的价值。
- 最有**潜质**的岗位。员工最关心的是岗位的未来。企业要讲清楚晋升通道，并告诉员工能晋升到什么岗位由他自己说了算。
- 最有**潜力**的回报。企业要把薪酬机制讲清楚，告诉员工未来能拿多少钱也是由他自己说了算。

也就是说，选择一个工作的正确顺序是"行业＞企业＞老板＞岗位＞薪酬"，通过"挖人5Q"，企业可以全方位向候选人描述对应岗位的价值，提升这份工作的吸引力。如果候选人听了以后热血沸腾，产生了浓厚的兴趣，那么这次招人就成功了。

如果说"挖人5Q"是主动吸引候选人，那么在接下来的面试中，企业如何慧眼识珠，判断出候选人的真实水平呢？我个人习惯采用结果面试法——针对候选人职业经历中的业绩结果进行发问。比如，你一年开发了多少位大客户？最大的客户是如何开发下来的？你是如何找到关键决策人并获得对方支持的？一个有经验的销售管理者，很容易通过结果面试法判断出哪些人才有潜力成为顶尖销售。

那么，顶尖销售和普通销售有什么区别呢？我可以给大家讲一讲我个人的感悟。通常来说，顶尖销售基本符合以下六大画像。

画像一：从骨子里就热爱销售

一个人是否具备成为顶尖销售的潜质，你和他聊三五分钟就能觉察出来。普通销售只是为了找一份谋生的工作，而顶尖销售不是为了工作而工作，你能从对话中感受到他的热爱。热爱才会激发人的自驱力，才会让人长久地努力，不畏困难地坚持。所以，一旦我发现某个候选人特别热爱销售工作，他基本上就会成为我的首选对象。

画像二：能成为客户的顾问和军师

普通销售给人的感觉就是一个推销员，但顶尖销售会成为客户的顾问和军师。他知道如何诊断客户的问题，并提出解决方案，甚至有能力指出客户认知上的不足，进而颠覆客户的认知。

画像三：有方案思维

普通销售是产品思维，他从一开始就想的是卖产品。但是，顶尖销售不光卖产品，他从一开始就有方案思维，会针对客户遇到的具体问题和具体场景提供解决方案。这个解决方案通常不是一款产品，而是不同产品以及增值服务的组合。

从卖产品到卖方案，这在本质上是思维方式的巨大转变。产品思维是从卖方利益出发的，而方案思维才是真正从客户的问题和痛点出发的，思考的是如何帮助客户成功，这种思维方式最终会带来双赢。

画像四：有利他心

普通销售通常是利己思维，永远是买方视角，不管客户是不是真的需要，他只考虑如何快速成交。而顶尖销售是利他思维，是卖方视角，思考的是如何持续帮助客户解决问题，持续成就客户。后者明白，只要能持续成就客户，成交就是水到渠成的结果。

画像五：目标感强，为第一而活

普通销售通常没什么目标感，而顶尖销售的目标感非常强，他们想赢的欲望非常强烈，甚至认为自己就是为第一而活的。因此，对于我前面讲到的结果面试法，其中一个关键环节就是寻问候选人：你有没有做过冠军，做过多少次？你是如何成为销售冠军的？企业可以以此来识别那些真正想做第一、能做第一的顶尖销售。

画像六：自律，责任感强

顶尖销售一定超级自律，既有担当，又有责任心。这种责任心不仅是对工作的责任心，更是对客户的责任心，他们要保证自己销售的产品和服务真的对客户有好处。

根据以上六个画像，企业基本上就能识别出哪些人具备成为顶尖销售的潜质。选好了优质种子，接下来企业还要进行培育，以提升人才的专业度，让他们具备服务高价值客户的能力。

2022年下半年，我与清华大学营销系的一位博导做过一次线上对谈。谈话间，他问我："我个人觉得做销售是很不容易的，许多人爱偷懒，就是觉得拜访客户很难为情，没什么事情还要搞个视频会议，怎么克服这种心理呢？"

在调研企业的过程中，我发现有这种心理的销售员确实不在少数。但我要追问一句：为什么销售员不愿意与客户沟通呢？原因很简单，因为他们不知道如何与客户沟通。

再进一步：为什么销售员不知道如何与客户沟通呢？显然，这不是销售员的责任，而是企业没有教他们。在一线做管理多年，我发现每个新人都想好好干，没有人是奔着混日子来的，关键是企业要帮助这些销售员把能力培养起来，帮助他们在战场上活下来。因此，能力建设特别重要。

今天许多中小企业最大的悲剧是什么？没有真正对员工的成长负起责任，导致一批又一批员工进进出出。这不仅使得人才没有沉淀下来，还大幅增加了企业的成本。曾经有一位企业家向我诉苦：他的父亲花了三十多年的时间创下了一份不小的家业，他接班后，发现公司近十年来一直在招聘销售员，但几乎没几个新人留下来，公司的骨干还是那群跟着他的父亲打天下的"老人"。随着销售团队老龄化越来越严重，该公司明显出现停滞甚至倒退迹象。

这个问题背后的原因可能比较复杂：一是该公司本身就没有招到对的人，它所选择的销售员并不匹配自己的客户；二是缺乏培训体系，新人很难存活下来；三是新老员工的融合出现了问题。这家公司的主要任务是制定销售人才选拔标准。除了选对人，它还要建立一套强大的培训体系，让每个新人在打仗之前就把能力建起来。在这个基础上，公司再用师徒制解决新老员工融合的问题。

如果你的企业也像上述这家公司一样，新员工来了几个月就迅速流失，那么你一定要反思：企业有没有放任员工自生自灭，有没有在员工的成长上投入足够的时间、精力？当员工没有能力在战场上拼杀时，他自然就活不下去。所以，真正优秀的企业一定不会直接将新人投入战场，而是先练兵，再打仗。

许多跨国公司都会规定：销售员在完成培训之前不许见客户。一个典型的例子是IBM，新进入公司的销售、市场和服务人员要先接受3个月的集中强化培训，回到自己的工作岗位后，还要接受6~9个月的业务学习。对于刚毕业就进入IBM的应届生，公司还会对他们进行为期4个月的全面培训。

整个培训大体可以分为三个阶段。

第一阶段是连续一周的密集培训，内容是产品知识。第二天早上，公司会对前一天的课程内容进行考试，成绩低于70分的学员就算不及格。所有考试的平均分就是员工在第一阶段的成绩。

第二阶段是历时一周的销售培训。在这个阶段，除了学习关于解决方案的知识和销售技巧，学员还要进行许多模拟客户拜访的练习。学员扮演IBM的销售代表，资深的销售员和销售经理扮演客户。客户拜访要求学员严格遵循在课程中学到的拜访客户流程，包括问话流程、应对流程。比如，学员在拜访客户时要遵循一套标准化公式：一开始与客户沟通时，进行一些客套的寒暄；然后说明来意，与客户交谈业务，了解客户碰到的挑战、困难；之后通过不断询问、澄清来锁定客户的问题，对应地提出IBM的解决方案和建议。

第三阶段是对前两个阶段的内容的回顾和进一步应用。

IBM会对三个阶段的成绩进行排名，排名前25%得分为1分，中间的50%为2分，最后的25%为3分。在这三个阶段，学员无论考了多少分，只要有两个阶段处于最后的5%就要被淘汰。经过四个月的封闭式培训，每个学员都会脱胎换骨。因此，IBM内部流传一句话：不管你进来的时候是什么颜色，接受完入职培训都会变成蓝色。

读完IBM的案例，你也许会想：中小企业怎么可能有条件为新员工提供为期四个月的封闭式培训呢？有没有更好、更快的方法来"催熟"员工，让他们的能力迅速提升呢？

有，那就是通关。

低成本批量复制营销人才

不久前,一个家居连锁企业的董事长向我请教:"我们公司目前有3 000多家门店,按照平均每家店两个人的标准,我们一共需要六七千名导购。一家门店赚不赚钱,导购是一个决定性因素。请问有什么办法可以让这六七千名导购快速上手呢?"能提出这样的问题,说明他已经有了人才培养意识,明白企业有责任为员工提供高效工作所必备的技能。但是,他缺乏一套高效的人才培养体系。

新手多长时间才能上手,本质上考验的是企业为员工赋能的速度和效率。事实上,一家企业真正的竞争力不在于当下拥有多少人才,而在于是否能持续为员工赋能。只要具备这个优势,企业就能永远跟上市场的变化。

回到上面的案例,如果该企业按照传统模式为导购做培训,那么大概率这些人的成长速度会很慢。我经常看到一个干了八年的销售员和一个干了三年的销售员没什么区别。事实上,这位董事长也发出了类似的感慨:"我花了不少钱请外面的老师来培训,员工看起来学得很认真,但回到实际工作中,业绩却没有什么变化。"

为什么呢?我认为背后的核心障碍有两个。

第一个是"学什么",大多数企业在学习内容上打"偏"了。我刚开始带营销团队时,也经常邀请一些外部讲师入企培训,但这种培训大多讲的是通用技巧,并没有针对营销团队的短板进行内容研发，这就导致许多员工对培训课题无感。

怎么解决这个问题？只有一个办法：取一舍九。员工不需要什么都学，而是要聚焦在客户需要的能力上，学习那些能够为客户创造价值的能力。尤其是中小企业，在资源有限的情况下，企业要以终为始来思考：打仗需要什么，培训就学什么。这就是我要求企业编辑《销售秘籍》的原因。《销售秘籍》汇编了企业打仗所需的行业知识、客户知识、对手知识和销售知识，其针对性和实战性极强。

此外，培训内容也要分层。今天许多企业是"一刀切"——管理者、新员工、老员工一起参加培训。它们忽略了一个重要的问题：不同能级的员工面对的客户是不一样的，他们的水平也参差不齐。同样的培训内容，可能适用于大客户，不适用于中小客户；可能老员工觉得浅显，新员工却觉得刚合适；可能老员工觉得刚合适，新员工却听不懂……因此，考虑到员工面对的客户不同，销售动作也不同，能级水平也不在一个层次，培训内容需要分层。

如何进行分层呢？行动教育在实践中摸索出了"3+3"分层培训法。第一个"3"是指企业的高、中、基层要分层：高层是战略官，中层是区域官。第二个"3"是指基层员工要细分为三类：新员工是生力军，老员工是主力军，最后一类是特种兵。

第二个是"怎么学"，大多数企业的方式就是上课，这种培训方式是最低效的。销售员是在市场一线打仗的人，他们最需要的不是理论，而是贴近一线的模拟训练。以终为始来看，仗怎么打，兵就怎么练；打仗时碰到什么问题，培训时就解决什么问题。我称这种培训方式为"通关"。

比如在实际场景中，销售员有几个典型的障碍点：如何见到客户的关键决策人？客户质疑报价太高，怎么办？客户进行了严重的投诉，怎么办？对方欠款，怎么把尾款收回来？……只有针对这些问题进行模拟演练，销售员才能明白在实际工作中该如何应对。

因此，企业要想让销售员快速成长，就不能为了培训而培训，而是要以终为始来思考销售员的能力建设：打仗需要什么技能，销售员就学习什么技能；仗怎么打，兵就怎么练。

具体怎么做呢？我通常会帮助企业打造一个能力建设闭环，其细分步骤如下。

第一步：提炼和复制销售高手的方法论，将其编入《销售秘籍》。

第二步：按照"3+3"分层法，对销售团队进行针对性培训。

第三步：培训后进行通关（实战模拟），总结销售员存在的共性问题。

第四步：问题等于课题，针对共性问题研发培训课程，培训后再进行通关。

……

这是一个持续更新过程，能持续帮助员工成长和进步，实现工作能力的螺旋式上升。这样新员工很快就能上手，接下来新手变老手、老手变高手。

通关五知

曾经有一位董事长向我反馈:"自从导入了通关体系,我的公司发生的一个最明显的变化就是员工的成长速度超级快,新员工一个月就能上手,半年就能变成老手,一年就能成为高手。"那么,企业如何科学地搭建通关体系,才能达到这个效果呢?

下面我以销售员的大通关为例来揭秘"通关五知",这五大关键点决定了通关能否取得成效。

通关一知:企业如何组织通关

通关形式

企业的通关有三种形式:大通关、中通关和小通关。其中,大通关由公司每季度组织一次,中通关由部门每月组织一次,小通关则由销售部门的最小单元每周或者每日组织一次。比如,门店型企业可以每日在门店内组织一次小通关,项目制企业可以每周在项目小组内部组织一次小通关,经销商、代理商类型的企业可以引导经销商、代理商每周或每日组织一次小通关。

通关地点

通关地点有三种。

一是在公司进行通关,这是比较常规的方式。

二是在客户的办公室进行通关。比如,我曾经给一位大客户的物流部门的领导打电话:"我们公司的销售员很崇拜您,下个礼拜我想借贵宝地组织一次通关,想邀请您做评委,您能不能给我们这个面子呢？当然，一个评委还不够，您能否帮忙邀请两位朋友做评委，最好也是其他公司物流部门的领导……"收到我的邀请后，客户觉得这种做法很新奇，非常乐意帮忙。

为什么我要组织销售团队在客户的办公室进行通关呢？因为这至少可以实现"一箭五雕"。

- 第一，对于参加通关的销售员而言，这相当于实战，这样的通关效果更好。
- 第二，对于没有资格参加大通关的销售员而言，这是一次绝佳的学习机会，他们能看到真实的客户与销售高手是怎样交流的。
- 第三，对于客户而言，它可以通过通关了解企业的专业能力以及在专业能力上下的功夫，并加深对企业的好感。
- 第四，销售部门至少可以再结识两位潜在的新客户（客户介绍的两位评委）。
- 第五，企业可以及时进行跟踪报道，加强品牌宣传。

三是在拓展地进行通关。过去我在带团队时，喜欢将通关地点安排在风景优美的拓展地，比如上海松江的青青世界、深圳的梧桐山和笔架山，目的是让大家在轻松的氛围中通关，这更能展示出员工的真实水平。

通关对象

通关对象可以分为两类。

一类是被通关者，即参加通关的销售员。请注意，不是每个销售员都有资格参加大通关，只有上一季度业绩得分和过程得分都达到星级标准的销售员才有资格。当然，中通关和小通关是所有人都可以参加的。

另一类是通关者，即通关评委和考官。以下四类人可以担任通关评委和考官：

- 高层领导，包括董事长、总裁以及营销副总裁。
- 职能线领导，包括市场部、销售部、客服部以及人力资源部的负责人。
- 业务线领导，包括各大区总经理、分公司总经理、门店店长等。
- 客户，尤其是公司的大客户。

通关时间

企业可以每季度选择在某一天开展大通关，将所有业绩得分和过程得分都达标的销售员集结起来，对他们进行线上通关和线下通关。

线上通关即书面考试。大通关当日早上八时，所有被通关者齐聚会议室，参加时长为60分钟的书面考试。试卷一般由营销副总裁出题，题型也不复杂，有选择题、填空题和简答题。

书面考试结束后，所有人依次进行线下通关。线上通关是统一考试，而线下通关则要进行分层考核：不同星级的销售员，考核内容不同，通关时间自然长短不一。

一般来说，销售员的星级越高，通关难度就越大，通关时间也就越长。一星级和二星级销售员可以提前5分钟抽题准备，通关时间为10~12分钟；三星级销售员可以提前10分钟抽题准备，通关时间为12~15分钟；四星级和五星级销售员可以提前20分钟抽题准备，通关时间为15~20分钟。

通关内容

通关分为书面考试和线下模拟实战。

书面考试的内容通常源于企业编写的《销售秘籍》或《项目真经》等，其内容涵盖行业知识、产品知识、销售知识以及客户知识。

我在前文提到过：书面考试用的是同一份试卷，而线下模拟实战则需要分层进行。因为在实际开发客户时，不同星级的销售员服务的客户类型不同，采取的有效动作也不同，所以考题要分层。考题分层要遵循一个原则：星级越高，难度越大；星级越低，难度越小。

基于此，企业首先要将五个星级分为三个档位：一星级和二星级属于一个档位，三星级属于一个档位，四星级和五星级属于一个档位。每个档位对应的线下模拟实战考题不同。

具体来说，线下模拟实战涉及哪些场景考题呢？按照不同星级的实战场景，以下是各类考题的关键词。

（1）电话邀约、电话回访、门店接待、微信营销。（考题示范：某年某月某日，你想邀约一位客户到店体验新产品，如何给客户打电话？）

（2）电话销售、电话成交、邮件营销、社群营销。（考题示范：某年某月某日，你如何给在展会上认识的新客户写邮件，并推荐公司的新产品？）

（3）陌拜、拜访、地推、为代理商和经销商以及零售商做培训。（考题示范：某年某月某日，你如何给某位代理商做一场关于开发二级网点的培训？）

（4）论坛、沙龙、展销会等。（考题示范：某年某月某日，你如何策划一场经销商论坛？）

（5）大客户开发、项目客户开发。（考题示范：某年某月某日，你要去拜访大客户的关键决策人，如何让关键决策人成为你的支持者？）

（6）谈判高手、深度谈判。（考题示范：怎样与大客户进行价格谈判？）

（7）问题处理。（考题示范：如果客户说你的报价太高了，那么你如何应对？）

（8）融入客户圈子。（考题示范：如何快速融入客户的圈子？）

（9）招投标，这主要包括五个基本动作：看标、做标、投标、答标、中标。（考题示范：请你现场看标，并解读标书中的关键点。）

（10）行业解决方案。（考题示范：请现场为一位重要客户制作一份行业解决方案。）

（11）各类营销活动，比如答谢会、招商会、洽谈会、促销会、推介会等。（考题示范：某年某月某日，你如何为经销商举办一场招商会？）

（12）新媒体营销，包括直播带货、网络课堂等。（考题示范：

某年某月某日，你如何组织一场直播带货？）

其中，一星级销售员和二星级销售员考核（1）、（2）、（3）、（4）四道题，三星级销售员考核（5）、（6）、（7）、（8）四道题，剩下的题目用来考核四星级和五星级销售员。不难看出，销售员的星级越高，考题越难。通常来讲，不同星级的销售员在实战中需要哪些能力，线下通关就会考察相应的场景。

除了考虑通关形式、通关地点、通关对象、通关时间以及通关内容，企业还要考虑通关中的细节问题，包括安排主持人、计时员、计分员等。

通关二知：考官如何扮演客户

第二知是考官如何扮演客户。为什么要单独把这个小问题放大呢？这是因为通关不仅是对员工的通关，还是对管理者的通关。只有管理者扮演好客户，企业才能检查出销售员的真实水平，发现销售员在实战中存在的问题。

管理者扮演客户要做到"三像"：神态像、语言像、动作像。

通常来讲，客户分为多种类型：有些客户注重效果，有些客户看重品牌，有些客户注重面子，有些客户关注质量，有些客户关注成本……因此，考官要结合考题，表现出不同客户的神态、语言和动作。比如，一位销售员抽到的题目是"怎样处理客户投诉和理赔"，那么管理者在扮演客户时，该拍桌子就拍桌子，该骂人就骂人……总而言之，管理者的神态、语言和动作都必须符合一个投诉客户的状态。

为什么许多管理者扮演不好呢？原因只有一个：这些管理者

离一线市场太远了。管理者如果能多去基层体验，就会了解不同客户在不同场景下的状态，自然就可以扮演好客户。但是，今天很多老板认为自己已经授权给下属来管理了，所以就不掺和了。这种想法是不对的，授权给下属并不等于脱离一线。

顺丰总裁王卫就会定期去一线送快递。通过这种方式，他不仅能了解到一线员工的真实想法，还能了解到一线客户的真实体验。王卫总裁每次送完一个礼拜的快递，都会召集各部门开会，告诉它们又发现了哪些问题。接下来，企划办会督促各个相关部门马上改进，每周汇报改进方案的进展，并根据改进效果亮红灯、绿灯和黄灯：对完成得较好的工作提出表扬，亮绿灯；对完成进度滞后的工作进行风险提示，亮黄灯；对完成进度存在较大风险的工作亮红灯。

老板亲自去一线送快递，管理者必然跟着这样做，因此我也会去送快递。基本上，我会选择在广东地区送快递，比如深圳、佛山、东莞、珠海等地。记得有一次，我正在送快递，结果台风突然来袭，人都快飘起来了。幸好我看见前面不远处有一根大柱子，赶紧冲过去，死死地抱住那根柱子。那一刻，我切身感受到了一线快递员的辛苦，理解了为什么王卫总裁会说"顺丰最伟大的一群人是一线员工"。当感受到一线员工的不容易时，老板和管理者在开会时就不会讲空话和套话，而是研究怎样让一线工作更简单、如何让员工拿到更高的收入……

我过去在企业一线干了18年，近10年和行动教育合作，一半时间讲课，一半时间做辅导。我每年花一半的时间做辅导，就是为了让自己不要脱离市场。辅导企业的过程也是深入了解一线的过程。比如我最近正在辅导一家家居企业，已经连续数次和该企业的董事长一起下基层调研经销商及其下面的零售商，先后走访了近百家分布在乡镇上的门店和位于农村的加工厂。只有调研才能发现真正的问题，只有在现场才能找到真理。

因此，我建议企业家和高管每年至少要规划半个月的时间亲自去基层走走，不要总是坐在办公室里听汇报。你如果不了解客户，又怎么能扮演好客户呢？

通关三知：考官如何提问

我参加过不少企业的线下模拟通关，发现不少管理者容易把提问变成慰问。他们经常问诸如此类的问题：你吃饭了吗？你在一线做什么工作？你有女朋友了吗？……要知道，每个人的通关时间只有10~20分钟，每一次的提问机会都非常宝贵，所以考官一定要直击要害。否则，企业无法在最短的时间内考察出员工的真实水平，也无法找到员工的短板。

如何使提问更有效呢？考官可以结合以下三个内容发问。

结合考题发问

管理者在通关中代表的是客户，而不是管理者，因此要站在客户的角度，结合考题来提问。比如，某位销售员抽到的考题是陌拜，那么当第一次见到销售员时，客户可能会问他："请你用一分钟介绍一下你们公司。"如果考题是"双方已经进展到价格谈判环节"，那么客户可能会问："为什么你们的报价这么高？之前那家公司的报价只有你们公司的一半。"因此，具体怎么提问，一定要结合考题。

结合通关评分表发问

如表6-1所示,这是一张通关评分表。这个评分表将销售员的素质模型分解为七个部分:个人形象及表达力15分,公司和产品介绍15分,竞争对手分析(沟通能力)15分,案例分享15分,异议处理15分,成交(解决问题能力)15分,控场10分。考官可以结合这个评分表进行发问,比如,你们和竞争对手有什么区别?你们目前有哪些合作案例?……

表6-1 某企业通关评分表

评分人:											日期:
序号	申请星级	题号	岗位	姓名	个人形象及表达力15分	公司和产品介绍15分	竞争对手分析(沟通能力)15分	案例分享15分	异议处理15分	成交(解决问题能力)15分	控场10分	合计得分
1												
2												
3												
4												
5												
6												
7												
8												

结合《销售秘籍》或作战地图中的关键动作发问

考官可以结合《销售秘籍》中的某些知识点进行发问。比如，当第一次拜访一位客户时，你应该怎么做？再比如，某位销售员的关键动作是帮助经销商举办展销会，那么考官可以问他：如何帮助经销商组织一场展销会？

事实上，从管理者提问的水平上，我们就能看出他是不是一个合格的管理者。所以，通关表面上考察的是销售员的水平，其实这更加考验管理者。

通关四知：评委如何点评

当销售员回答完毕后，通关并没有结束，接下来才是通关中最关键的两个环节：一个是点评，另一个是总结。如果一场通关要花三个小时，那么企业至少要预留一个半小时做点评和总结。也就是说，点评和总结才是通关的灵魂。

如果没有点评和总结，那么整场通关就变成了考核，也就失去了通关的价值。因为通关不是为了把销售员"通死"，而是为了把销售员"通活"。通关在本质上是一种反省和反馈机制，人的进步就来自反省和反馈。通关的目的不是考核销售员的能力，而是从管理者的视角出发，帮助销售员找到自身存在的问题，然后通过针对性的培训解决这些问题。随着一个又一个问题被解决，销售员成交道路上的障碍会越来越少。点评环节之所以重要，是因为它可以帮助销售员认清自己。

人的成长有时候就是一瞬间的顿悟。这种顿悟来自高手的点拨。如果没有高手点拨，那么销售员可能一辈子也发现不了自己身上存在的问题。而评委通常都是从一线提拔上来的销售高手，他们身上积累了大量的经验和教训，也经历过类似的阶段，所以他们能一针见血地指出问题。这种点评能让销售员醍醐灌顶、豁然开朗，仿佛瞬间被打通了任督二脉。因此，点评不是一个简单的流程化动作，而是要从高手的视角来帮助销售员完成自我反思，并对销售员进行贴身辅导。

如何让评委的点评更有质量呢？企业不妨从以下三个维度来设计。

点评时间

点评可以分为自评和他评两个环节。其中，自评1分钟，他评6分钟，合计用时7分钟。自评的核心是让被通关者阐述他如何认识自己的优缺点：哪些方面表现不错？哪些方面有待改进？他评则是由台下的考官和评委对销售员进行评价，每人点评1~2分钟。

我在这里解释一下考官和评委的区别。考官是指在现场扮演客户的评委。一般来说，每场通关都会有考官扮演客户，其他评委只负责打分。也就是说，考官一定是评委，但评委不一定是考官。

点评顺序

点评顺序也非常重要：首先，扮演客户的考官进行点评；其次，被通关者的直属领导进行点评，比如门店销售员由他的店长进行点评，区域销售员则由他的区域经理进行点评；再次，直属领导的上司进行点评，比如门店销售员由大区经理来点评，区域销售员则由大区总监来点评；然后，销售部门负责人进行点评；

最后，公司领导进行点评，比如董事长或总经理。也就是说，点评的基本顺序是先考官，后评委，同时评委按照职级高低自下而上进行点评。这样安排的目的是让每个评委都能畅所欲言，发言不必受到其他人的影响。

点评内容

点评内容的内在逻辑和前文的通关内容较为相似，也要结合三个方面进行点评。

结合通关评分表点评

假设打开销售员的通关评分表，你发现有两项的得分较低：一是公司和产品介绍，总分15分，他只有5分；二是成交，总分15分，他只有5分。那么，你可以这样点评："你今天其他地方的表现不错，但有两处需要特别提醒你一下。一是对公司产品的介绍不到位，没有讲透产品的卖点；二是成交环节没有使用成交法，成交时缺少临门一脚。"需要注意的是，你在点评时要一针见血，直奔主题，不需要过多展开。在点评时，公司要安排专人在旁边做记录，记录下每个评委点评的关键词。

结合考题要求点评

评委可以点评一下销售员有没有达到考题的要求。比如考题要求销售员成交一套产品，那么他有没有说服考官成交？如果他没有打动考官，那么他在哪些地方出现了失误？

结合《销售秘籍》点评

《销售秘籍》中通常会有许多关键的销售方法论，比如"三问三听""异议处理"等。评委可以围绕这些关键词进行点评："通过今天的通关，我发现你在'三问'上做得不到位。"一旁的记录员会将这个问题记录在案。如果其他销售员也在这个地方犯了错误，那么这个问题就会成为下一次培训的课题。

在整个点评环节，除了记录员要认真记录评委点评的关键词，现场所有观摩的销售员都要认真做笔记，记录评委的精彩提问和精彩点评。因为对于销售员而言，这无疑是一场最接近实战的培训。销售员通过观摩其他人的通关过程来"照镜子"，照出自己与其他人之间的差距，然后向标杆学习。

通关五知：如何进行总结

点评结束后，整场通关就会进入高潮部分——通关总结。一般来说，一场优秀的通关总结包括以下五个关键步骤。

步骤一：通关代表分享

所有销售员通关结束后，企业要在每个层级选择几名通关代表，分享本次通关的感受与收获。比如，门店型企业可以在店员、店长、区域经理中各选择两名代表，进行1~2分钟的分享。

步骤二：领导进行通关小结

通关代表分享结束后，由公司领导进行通关小结。

前面提到，企业会安排记录员在台下记录评委点评的关键词。当所有人通关结束后，企业根据记录就可以统计出出现频次最高的关键词。这就是销售员当前存在的问题。比如，本次评委点评过程中出现频次最高的关键词是"挖痛"，那么"挖痛"这个问题就需要重点关注。领导就可以总结："各位家人，通过今天的通关，我发现大家暴露出来的共性问题是不会'挖痛'。接下来，我们会将'挖痛'这个课题视为下一次培训的重点。一个月后，各部门再对'如何挖痛'进行通关……"

对于这种针对性极强的培训，销售员一定非常乐于参加。我经常和企业家探讨为什么他们的企业培训的效果很差。这是因为培训内容不是员工真正爱听的，不是员工需要的。我见过不少企业将销售员从全国各地召集到总部，听老师在台上讲课，结果台下有人睡觉，有人玩手机。两天培训结束后，企业也不安排通关，这种培训简直就是浪费钱。企业应先通关，找到问题，然后针对问题进行培训，培训后再通关，再发现不足……如此循环往复，企业才能形成一个良性循环，快速打通能力闭环。经过20多年的验证，我发现99%的人只要经过这套通关体系的反复训练，都可以快速提高销售能力。

步骤三：督导通报成绩

接下来，由销售督导通报本次通关的线上考试和线下考试的成绩。一般来说，企业会提前规定线上及线下考试成绩各自所占的权重。有的企业选择线上和线下考试成绩各占50%的权重，而有的企业更重视线下考试，规定线上考试成绩的权重为40%，线下考试成绩的权重为60%。

步骤四：布置下一阶段的工作

第四步是由领导布置下一阶段的工作，尤其是布置下一阶段培训课题的研发计划及培训计划等。

步骤五：一把手讲话

最后，公司一把手讲话，总结本次通关的得与失。

以上就是通关总结的基本流程。过去我在一线带团队时，销售团队的所有销售动作都必须经过通关才能投入实战。如果没有经过通关的洗礼，销售动作就没有形成标准，十个人有十种打法。经过通关，整个团队就能形成一套标准化的打法。

尤其是当环境发生了巨大变化，需要开发新的销售动作时，企业更要及时进行通关，快速为销售团队构建新能力。比如，在新冠肺炎疫情最严重的时候，许多企业的线下门店无法正常营业，面对困境，它们设计了一些新的销售动作，比如线上直播、微信营销、线上沙龙等。而每一个新的销售动作都要经过通关，才能保证销售动作执行标准化和落地效果最大化。

我经常说："没有经过通关训练的员工，会成为企业最大的成本。相反，经过科学训练的员工，会成为企业最具生产力的资源。"一家集团型企业的董事长告诉我，自从引入通关，销售员的成长速度非常快，尤其是招投标能力大幅提升。新冠肺炎疫情期间，在行业普遍下行的大环境下，该企业每年的利润都能翻一番。他说："为什么能翻一番？因为我的销售团队每天都在通关训练，所有未经过通关的销售员不许做招投标。"

只有专业度提升了，员工才能更好地服务客户，最终客户满意度才有可能提升。也就是说，企业成就了员工，员工才能更好地照顾客户，而只有员工照顾好了客户，客户才能回馈给企业价值。

事实上，这套通关体系不仅适用于销售岗位，还适用于所有与客户接触的一线岗位。一家做全屋定制的企业的董事长说："我们的全屋定制店里有一个岗位是设计师岗位，这个岗位也要参加通关。因为设计师和用户会零距离接触。"我非常赞同这位董事长的想法。各行各业的安装工、设计师、维修工等虽然不是销售员，但都会与用户零距离接触,所以也需要参加通关。

同样,这套体系不仅适用于内部员工,还适用于企业的各类合作伙伴,包括代理商、经销商、零售商等。你如果想帮助代理商、经销商和零售商取得成功,那么要教会它们运用通关来提升一线人员的专业度,从而更好地为终端客户创造价值。

第七章
围绕客户终身价值创建和管理作战地图

创建作战地图

围绕客户的动态需求创建作战地图

当锁定客户画像,并根据客户画像设计出产品画像和团队画像后,接下来企业就要为客户创建作战地图了。为什么要创建作战地图呢?因为要实现客户终身价值最大化,企业就要保证所有资源和动作都是从客户当下的需求出发来匹配的。从某种角度来看,作战地图就是实现客户终身价值最大化的路线图。

通常情况下,客户的需求每年都在变化,为了应对客户需求的变化,企业不仅要创建作战地图,还要将这个地图做成一个动态地图,动态地进行各种资源的调配。因此,为了保证作战地图匹配客户的新需求,从而实现客户终身价值最大化,企业每年都要重新思考以下五个关键问题。

卖多少

企业创建作战地图也要以终为始来思考，即先思考要达成的作战目标是什么。对于销售人员来说，作战目标就是卖多少，也就是前期设定好的年度业绩目标，接下来再考虑这个目标应该如何达成。

卖给谁

当年度业绩目标定下来后，企业就要思考这个业绩目标要靠哪些客户来完成。企业要将业绩目标分解到不同层级的客户身上，比如：5A客户能完成多少业绩？4A客户能完成多少业绩？3A客户能完成多少业绩？……在分解目标的同时，企业就可以锁定客户名单。

卖什么

客户名单锁定以后，企业就要考虑产品方案能否保证客户终身价值最大化的实现，比如：企业第一年要为客户提供什么产品和服务？第二年要为客户提供什么产品和服务？第三年要为客户提供什么产品和服务？每年的产品和服务都要根据客户的需求进行动态调整，不断提升为客户提供的产品和服务的价值。这是因为市场是变化的，任何创新动作都会被竞争对手很快跟进。过不了多久，这个创新动作就会成为行业的标配。企业要想超出客户的预期，就必须创新以提升产品和服务的价值。从企业的角度来看，每年都要重新考虑卖什么，每年都要进行产品和服务升级。只有这样，企业才能应对市场竞争，满足客户不断提升的期望。

谁来卖

客户名单锁定了，产品方案也匹配好了，谁去卖呢？企业要根据客户画像和产品画像来倒推人才画像。企业每年都要根据客户画像的不同，思考人才画像和人才标准应该如何提升，只有这样才能实现客户终身价值最大化。同时，不同价值的客户要匹配不同能级的员工，这就涉及对员工进行分层分类管理。

怎么卖

当服务不同的客户时，销售人员应该选择什么样的销售动作呢？销售动作也要与时俱进。因为客户的需求每年都在变化，这就倒逼企业的销售动作也要改变，只有这样才能确保客户终身价值最大化。比如，顺丰在开发一个大客户时，第一年的目标是将其中一个部门的物流业务承接下来，第二年的目标则是拿下整个公司的物流业务，第三年的目标是拿下整条上下游产业链的客户……随着客户需求的变化，这三年的销售动作一定是不一样的。

2022年，我走访调研了五六家优秀的上市公司。我发现这些公司对关键动作的选择就非常精准。其中，有一家经销商类型的企业让我印象深刻：许多企业对内部营销团队的考核动作往往只是简单地拜访经销商，但这家企业并非如此，它不仅开发，还手把手地教经销商如何发展下面的二级网点，并帮助每一个门店把业绩做起来。这样一来，它招人的画像会发生改变：传统企业可能侧重于销售人员的开发能力，而这家企业的销售人员除了具备开发能力，还必须有能力担任经销商的教练。

由此可见，整个作战地图是环环相扣、相互勾连的。其中一个因素发生变化，其他因素可能也要随之调整。因此，创建作战地图在本质上就是为了应对客户不断变化的需求。企业每年都要根据客户需求的变化来制定相应的作战地图，从而保证客户终身价值最大化。

从企业投资回报率的角度来看，企业如果没有这张地图，资源配置的效率就会非常低。许多企业让刚刚毕业的新员工去服务大客户，成交的概率一定很低，因为双方根本不在一个频道上。同样，许多企业为大客户提供标准化产品，大概率也很难引起大客户的兴趣……作战地图的本质就是合理调整企业资源配置的方式，让所有资源得到最大化利用，在为客户创造最大价值的同时，让企业产出最高的客户终身价值。

如表7-1所示，这是一家企业的作战地图。整个资源配置的逻辑是以客户的分层分类管理为起点，之后梳理产品的分层分类管理，最后做好员工的分层分类管理，这使得三类资源建立一一对应的关系，以防资源出现错配，进而导致销售效率低下。

表7-1 某企业的作战地图

客户类型	卖什么	谁来卖	怎么卖	量化	考核	考核周期
5A客户	4.0方案	总监、经理	举办异业联盟、专家交流等活动	1场/月	少1场赞助500元	月
4A客户	3.0或4.0方案	经理、特种兵	上门拜访	3次/周	少1次赞助100元	周
3A客户	2.0或3.0方案	特种兵、老员工	上门拜访或上门体验	4次/周	少1次赞助50元	周
2A客户	2.0方案	老员工	接待或回访	3个/天	少1个赞助20元	天

（续表）

客户类型	卖什么	谁来卖	怎么卖	量化	考核	考核周期
1A客户	1.0产品	新员工	电话或在线回访	4个/天	少1个赞助10元	天
备注	分类标准详见公司产品方案分类表	员工分层标准参见公司员工分层管理规定	标准细则： 1. 大客户（企业客户）上门拜访以大客户信息表留痕或照片为准。 2. 大型活动登记的顾客信息不少于30人，并且有10张以上不同人群的活动照片为证。			

说明：1. 新员工指的是入司15天至6个月的员工；老员工指的是入司6个月（含）以上的员工。
　　　2. 电话、拜访、体验数量未达标的，按照考核要求每日、每周或每月赞助。

因此，这家企业首先将目标分解到不同类型的客户身上，再为不同类型的客户匹配相应的产品、人才、关键动作和考核机制。这家企业为5A客户匹配的不是标准化的1.0产品，而是个性化的4.0方案；为5A客户服务的也不是普通销售，而是销售总监和销售经理；服务5A客户的关键动作不是基础的陌拜，而是举办异业联盟、专家交流等活动。

同样，每个销售团队或销售人员都可以依葫芦画瓢，按照"卖多少—卖给谁—卖什么—谁来卖—怎么卖—量化—考核"的逻辑，画出自己的作战地图。

设计关键动作的八条原则

在前面的章节，我已经对客户、产品和员工的分层分类进行了详细的阐述，这里就不再赘述。接下来，我要将重点放在如何设计关键动作上。面对不同层级的客户，销售人员应该抓取哪些关键销售动作，才能保证客户终身价值最大化呢？

这个问题没有标准答案，各家企业需要根据自身特点去选择和设计。因为不同类型的企业的关键动作各不相同：门店型企业可能是门店接待、网络直播、电话回访等；项目制企业可能是招投标、圆桌会议等；外贸型企业则可能是展销会、邮件营销等；经销商、代理商型企业则是拜访经销商和代理商，并协助它们举行营销活动，为它们提供专业的培训。

做过销售管理的人都了解：企业里最难管的一群人就是销售人员。一家企业如果把销售团队管好了，那么管理其他部门通常不在话下。为什么销售团队最难管？因为这群人直接跟客户打交道，他们是流动着的一群人，充满了各种变数。所以，销售动作设计一定要非常科学，才能保证实现客户价值的效率。

如何才能保证关键动作的科学性呢？根据多年来的实践经验，我可以提供确保关键动作有效的八条指导原则。

原则一：动作设计要结合年度目标

所有关键动作都要为了完成年度目标而设计，不要为了设计动作而设计动作。这个动作如果不能帮助企业完成年度目标，就要被砍掉。因此，在执行过程中，关键动作的选择绝对不能僵化。

原则二：动作可调整

为什么强调关键动作可调整呢？因为设计关键动作是为了达成绩效目标，而不是为了限制销售团队的能动性和灵活性。变则通，通则久。如果市场环境发生了变化，原有的动作已经无法支撑目标的达成，那么企业需要及时地做出调整。

在新冠肺炎疫情暴发前夕，我正在服务一家集团型公司。由于设计关键动作时还没有暴发疫情，因此这家企业选择的关键动作是线下拜访以及组织各类线下营销活动。2020年新冠肺炎疫情暴发以后，这些动作都不可能实现了。如果企业此时不迅速调整自己的关键动作，那么年度目标几乎没有完成的可能。

怎么办？这家企业反应非常敏捷：既然线下动作无法完成，那就迅速转战线上，将关键动作调整为线上社群营销和直播营销。

首先，这家企业要求700名销售人员每人建两个群，每个群拉满500个客户。接下来，企业每天会按照入群的人头数进行排名，并组织标杆员工分享成功经验。很快，这家企业就在线上拥有了数十万名精准客户。有了数十万名客户的保底流量，接下来企业就可以组织大型直播活动。最终这家企业每场直播活动的参与人数都不低于50万人次，自此拉开了社群营销和直播营销的序幕。

因此，关键动作的选择不是一成不变的，更不是为了限制员工的创造力，而是要根据市场的具体情况进行灵活调整，随时吸纳一些更有效的创新性动作。

原则三：选择最好的、有创新性的动作

企业一定要选择最好的、有创新性的动作。今天许多老板甚至营销管理者都与一线脱节了，他们并不知道一线销售人员在用什么动作，所以最好的方法是去一线做调研：考察销售人员在成交过程中用了哪些既科学又有创新性的动作，再从中选择一些作为关键动作，因为这些动作往往是最有效的。

经常有企业家告诉我："对于销售动作的考核，我们的销售人员怨声载道，一管就跑，这种情况怎么处理？"一旦出现这种现象，企业首先要反思：企业选择的关键动作有没有问题？

试想一下，如果企业考核的动作是一线销售人员每天都在做的动作，那么他们怎么可能怨声载道呢？相反，如果企业考核的动作根本没有效果，只是在浪费他们的时间，那么他们自然不愿意配合。因此，好的动作往往是自下而上的，而不是自上而下的。管理者只有深入一线，多听听一线的声音，才能真正指导一线。

原则四：选择1~2个牛鼻子动作

有一位高管向我透露，他们公司考核销售人员的动作有10个。

我告诉他："什么都考，等于什么都没有考。因为考核的动作一多，就失去了重点，销售人员也会失去工作方向，东一榔头西一棒子，最后哪个动作都没做好。"这个时候，企业一定要学会取一舍九。其实，这10个动作中真正有效的动作就只有一两个，其他都是花拳绣腿。

正如《道德经》所言："多则惑，少则得。"企业只要找到推动客户成交的1~2个关键动作，将重点放在此处，最终取得的效果一定会比考核10个动作更好。行动教育有一句话叫"目标极高，动作极简，行动极快"。它虽然设定了高目标，但对销售团队只考核一个动作——拜访。当团队将拜访做到极致时，效果就非常棒。如此一来，不仅销售人员的工作方向变得清晰、明朗，企业培养新人的难度也会大幅降低。

原则五：这个动作必须是主动动作

主动动作即销售人员主动引导客户按照他的意图行动，并且客户对销售人员的动作有回应。在接待客户时，许多门店的销售人员常常是被动响应客户的要求。但是，如果门店销售人员在服务后引导客户留下联系方式，加入公司社群，以便后续进行回访和社群营销，这就是一个标准的主动动作。

经常有门店型企业的老板向我咨询："如何提高门店的销售额？"

一个快速提升销售额的窍门就是多设计一些主动动作。门店型企业传统的思维方式是等客上门，它们很少会想到设计主动动作。事实上，以客户为中心就意味着从客户的角度来识别和解决客户的问题。即便是超市这种业态，也能设计出不少有效的主动动作。一个典型的例子来自麦德龙。在其他商超等客上门时，麦德龙却强调要主动接近客户：麦德龙在中国的每家门店都设有专门的客户咨询员，他们的任务是每天跑去拜访客户，了解客户的需求。麦德龙按照客户离商超的路程远近对客户进行分类，然后进行重点分析和研究。同时，麦德龙还为中小型零售商客户提供咨询服务。除定期发送资料外，它还组织"客户顾问组"对客户的购物结构进行分析，同主要客户进行讨论，帮助客户做好生意。由此可见，即便是门店型企业，也有可挖掘的空间。

在服务一家门店型企业时，我就要求这家企业的店员主动进行微信营销，并为重要客户提供上门配送服务；店长每个月要做两场线上直播活动，线下也要定期拜访所属区域的大客户；区域经理则必须每月举行一场大型营销活动，邀请VIP客户参加……

这就是一套组合式营销打法。与此同时，企业要对这些主动动作进行反复通关考核，保证每个层级的员工都能掌握相应的技能。因此，每家企业都有设计主动动作的可能，只是思路没有打开罢了。

曾经有一位装修设计公司的老板问我："陈老师，我们公司目前大约有5万名老客户，虽然每年会有不少客户给我们转介绍，但这都属于客户主动介绍，我们并没有设计什么主动动作。像我们这种业态，有没有可能设计一些主动动作，将这5万名老客户经营起来呢？"答案是肯定的。我给这家企业的建议是：先对这5万名客户进行分层分类管理，再为不同级别的客户提供不同类型的售后服务，比如设计师主动回访、家居设备设施的使用及保养、清洁咨询服务等。

这样一来，客户如果十年后要重新装修，那么第一时间就会想到这家公司。同样，如果身边有亲朋好友需要装修设计，那么他们也会主动推荐这家公司。因此，即便是客户购买频次低的行业，只要用心思考，企业也能够设计出有效的主动动作，关键是企业家和管理者要有把客户变成终身客户的理念，并自愿为客户提供主动服务。

原则六：动作必须能留痕

为什么许多企业的新员工会放羊，老员工会变成老油条呢？核心原因就是销售动作无法留痕。一旦销售动作无法留痕，公司就无从考证销售人员有没有完成这个动作。以发传单为例，对于门店型企业而言，发传单确实是一个有效动作，但这个动作最大的问题就是无法留痕。你不知道销售人员把传单发给了谁，也无法检验他到底有没有发。这也是为什么销售团队难管的症结所在。因此，企业选取的关键动作必须能留痕。只有动作能留痕、可追溯，管理者才能检查。只有管理者做好检查，才能保证动作的质量可控。

原则七：动作必须与客户有直接关系

企业所选取的关键动作必须与客户有直接关系，比如拜访客户或组织客户参加技术交流会等。这些动作都与客户有直接关系。而销售团队内部开会就不符合要求，因为这个动作也许会对业绩产生正面影响，但它并没有与客户发生直接关系，所以无法纳入考核。

原则八：清晰界定有效动作的标准

任何销售动作要产生效果，都必须做到位。怎么才算做到位呢？企业要清晰界定有效动作的标准。一旦没有标准，动作就可能五花八门，也会良莠不齐。以拜访这个动作为例，有的销售人员跑到客户公司门口，和门卫大爷聊一下午，然后给公司发个定位交差，这能算一次有效拜访吗？除非门卫大爷是客户的老丈人，否则这个行为根本就不会对成交有任何价值。所以，为了保证销售人员的动作富有成效，企业必须对动作的质量标准进行界定。

具体应该如何定义质量标准呢？我可以列举三个例子：

拜访的质量标准。从拜访对象及拜访时间两个维度来界定：一是拜访对象必须为关键决策人，二是拜访时长不得低于1个小时。

直播营销的质量标准。从参与人数和成交转化率两个维度来界定：一是参与人数不低于1 000人，二是转化率不低于x%。

技术交流会的质量标准。 从参与人数和会议时长两个维度来界定：一是客户方参与的技术骨干不得低于10人，二是会议时长不低于3个小时。

只有定义动作的标准，才能保证动作的质量；只有保证动作的质量，才能保证最终的成果。

根据以上八条原则，企业就可以设计出匹配每个类别客户的关键动作。找出关键动作后，企业就要对关键动作进行量化。

动作量化的科学性决定最终成果

一名销售人员的生产率取决于两点：一是销售动作是否有效，二是接触频次是否足够。

业绩 = 有效动作 × 接触频次

其中，有效动作衡量的是销售动作的质量，接触频次考察的是销售动作的数量。一旦在实战中证明销售动作是有效的，接下来的问题就变成：接触频次够了吗？因此，在作战地图中，企业还要设计每个关键动作在考核周期内需要达到的数量，这就是量化。

管理学大师彼得·德鲁克说过一句话："你不能衡量它，就无法管理它。"多年来的管理实践告诉我：真正高效的管理思维一定是数学思维，没有量化的管理一定是无效的管理。在实际落地的过程中，经常有企业希望将这个作战地图的逻辑导入非营销部门，对此我持保留态度。原因就在于，这个工具本身是从营销实战中提炼出来的，能否对其他部门的关键动作进行量化，还是一个未知数。只要其中有一个动作无法量化，这张作战地图就无法执行。

言归正传，企业如何对关键动作进行量化呢？这要分两种类型来考虑：一种是"早出晚归型"企业，另一种是"周出月归型"企业。这两类企业量化和考核的方式不一样。

什么叫"早出晚归型"企业？顾名思义，这类企业的销售人员每天早上出门，晚上就能回来，比如门店型企业、电子商务型企业。"早出晚归型"企业一定要做日汇报、日考核，最好能做到每天一个小目标：早上对照目标，中午对照过程，晚上对照结果。所以，这类企业的关键动作量化要以天为考核周期。

所谓"周出月归型"企业，即一旦销售人员出差，可能要一周甚至一个月以后才能回来，比如项目制类型的企业以及经销商、代理商类型的企业。"周出月归型"企业切记不能完全放羊，也要进行日汇报，即每日向上司汇报自己的动向和进度，但量化和考核周期可以是一周，即考核每周完成的关键动作数量。

在服务企业时，我发现大部分"周出月归型"企业采用的都是月考核的方式。曾经有一位头部农资企业的董事长向我请教："陈老师，我们销售团队放羊非常严重，问题出在哪里？"

我反问他："你们公司是不是实行月考核？"他果然点头说是。

为什么不能实行月考核呢？我给他列举了本书开篇的那个例子，即有以下两家公司：

- A公司是一家有1 000名员工的产销一体化企业，其中销售团队50人，剩下950人都属于研发、生产、采购、财务、人力、行政等二线岗位。

- B公司是一家只有100名员工的贸易型企业，但是其中80人都是一线销售人员。

接下来，我们一起打开这两家企业某个月的销售时间轴，研究它们的销售轨迹，考察两者在客户身上分别花了多少时间。

- A公司采用的是月考核。第一周A公司只有10名销售人员在拜访客户，第二周也差不多，直到第三周剩下的40名销售人员才陆陆续续开始拜访客户。
- B公司则推行周考核，从第一周开始，80名销售人员就倾巢而出，全部去拜访客户。

时间花在哪里，成果就在哪里。最后B公司的业绩一定会反超A公司，因为商业比拼的不是谁的人多，而是谁投入在客户身上的人更多，谁花在客户身上的时间更长，谁为客户创造的价值更大。

为什么A公司的销售人员会放羊？这是由人性决定的。如果公司规定一个月完成任务，那么许多销售人员会拖延到第三周甚至第四周再开始拜访，这才是放羊的根本原因。怎么解决这个问题？只有靠机制来约束人性的弱点。一旦将月考核改为周考核，就能杜绝这种现象。因此，除非销售人员拜访一次客户非常不容易，企业可以酌情放宽到两周考核一次，否则一律采用周考核。

考核周期明确后，企业就可以进行量化了。根据前面设计的关键动作，每个关键动作都要对应量化。比如一家"早出晚归型"企业的新员工的关键动作是拜访和电话销售，那对应的量化就应该是：每天2次有效拜访，每天30个有效电话。当然，两者可以相互转化——15个有效电话等于1次有效拜访。

值得注意的是，企业一定要在动作量化上多花时间进行反复测试，因为量化最大的难点就在于动作量化的科学性。量化要兼顾数量与质量，既不能太多，也不能太少。太多会造成销售人员疲于应付，进而导致动作敷衍变形；太少会导致动作频次不够，达不到预期的效果。要解决这个问题，唯一的方法就是在企业内部做小范围的试运行，以此来检验其是否科学合理，直到将量化调试到科学的程度——既能达成销售目标，又能与销售人员达成共识，之后再进行大规模推广。

配套考核机制：考什么，得什么

量化完成后，企业紧接着就要设计考核机制及考核周期。

管理永远不能回避考核这两个字。做过管理的人都知道：企业考核什么，就会得到什么。考核就要奖优罚劣，进而引导员工的行为。如果管理者只布置任务却不考核结果，那么这个任务通常会失败，这是由人性的弱点决定的。因此，企业还需要设计考核机制及考核周期，用机制来保障这个任务的顺利推行。

鉴于此，以上所说的量化都必须对应考核。比如，新员工的动作量化有两个，即每天打30个有效电话和进行2次有效拜访，那么对应的考核机制可以是：每缺少1个电话销售，赞助5元；每缺少1次陌生拜访，赞助20元。

以上是作战地图的完整逻辑。以此类推，每个部门、每个员工都可以设计出属于自己的作战地图。

三查系统：销售过程的品质管控

作战地图敲定以后，真正的考验就开始了。要确保销售人员严格按照作战地图来执行，企业还必须对销售过程进行品质管控，形成监督反馈的闭环。事实上，大多数周全的计划之所以失败，通常是因为没有对计划进行跟踪和反馈。

如何对销售过程进行品质管控呢？我推荐一个我自己用了多年的工具——"三查系统"。所谓"三查"，即员工自查、管理者检查和销售督导抽查。企业通过这三重检查，来保障作战地图的落地执行。

自查：业绩结果+过程指标

在实际经营过程中，每个部门甚至每个人都要画出自己的作战地图。比如你今年要完成500万元的业绩，那么这个业绩分解到每月、每周、每日是多少？每月、每周、每日的业绩目标需要靠哪些客户来支撑完成？针对不同的客户，你要销售哪些产品或方案？接下来，你还要确定自己的关键动作是什么，并对关键动作进行量化，匹配相应的考核机制。

接下来，企业每周或每日都需要根据个人作战地图进行自查：一是自查业绩结果，销售人员是否达成每周或每日设定的业绩目标；二是自查过程指标，为了完成业绩目标，销售人员的销售动作是否做到位。这里的到位有两种理解方式：如果你服务的是中小客户，那就重点检查关键动作的数量是否达标；如果你服务的是大客户，那就重点检查动作的质量是否达到阶段性成果的要求。

什么叫阶段性成果？我举一个真实的案例来说明。我辅导过一家大项目制企业，这家企业单个客户的订单高达几千万元甚至上亿元，因此一个销售特种兵通常在一两年内只需要锁定一个超级大客户进行开发，这个时候考核销售动作的数量就没有意义了。因为这种量级的大客户能否成交，并不取决于销售人员拜访的次数是100次还是1 000次。

如何保证大客户成交的过程可控呢？我们以终为始来思考：企业的最终目标是要与大客户建立长期合作关系，那么这个大目标能否分解为若干个小目标呢？事实上，这些小目标就是成功道路上的里程碑。也就是说，对于那些单笔销售金额较大、销售周期较长的项目，要考察的不是销售动作的数量，而是每一个关键节点的阶段性成果的质量。只要销售人员能在规定时间内达成阶段性成果，未来的成果就是可控的。

如表7-2所示，这是一家大项目制企业的大客户作战地图。在"怎么卖"这个环节，它将整个大客户成交过程拆成五个关键里程碑，包括洞察、挖掘、开发、合作和服务。企业只要控制好大客户成交过程中的每个关键节点，拿到阶段性成果，就能保证大目标的实现。

假设某位销售特种兵要在半年内与大客户建立合作关系，那么企业从半年后的时间点开始倒推，明确在每个重要的时间节点必须完成哪些相应的阶段性成果。在表7-2下方，这家企业明确了每个阶段必须完成的阶段性成果。

表7-2 某大项目制企业的大客户作战地图

客户类型	卖什么	谁服务	怎么卖	量化	考核	考核周期
超级大客户	4.0服务方案	销售特种兵	1. 洞察	第一个月第一周完成	未完成赞助100元	周
			2. 挖掘	第一个月第二周完成	未完成赞助100元	周
			3. 开发	第二个月第一周完成	未完成赞助200元	月
			4. 合作	第三个月第一周完成	未完成赞助300元	月
			5. 服务	第三个月第二周完成	未完成赞助200元	月
大客户定义详见公司超级大客户管理办法	4.0服务方案详见公司产品方案细则	—	1. 洞察：明确客户需求，确认项目是否立项并了解预算；了解客户的决策流程和选择标准；识别项目的决策链条与关键人员；明确产品方案是否精准匹配客户，以及友商是谁，有什么优劣势，差异化在哪儿（我们合适吗？我们了解客户需求吗？） 2. 挖掘：挖掘客户的需求及痛点；构建解决方案；掌握关键人的验证与参与度（客户接受我们吗？） 3. 开发：产品方案的优化；关键人会晤（客户会选择我们吗？） 4. 合作：合同条款商定，并签订合同；商务公关，传递价值；确认与客户达成一致了吗？） 5. 服务：售后的运维保障；交付产品或解决新机会；销售成交后的运维保障；确认客户价值并挖掘方案（我们与客户达成一致了吗？）（客户满意吗？）	阶段性逐步科学量化要求（结合大客户开发实际情况）	—	

154

第一阶段：洞察

① 明确客户需求，确认项目是否立项并了解预算。

② 了解客户的决策流程和选择标准。

③ 识别项目的决策链条与关键人员。

④ 明确产品方案是否精准匹配客户、友商是谁、有什么优劣势、差异化在哪儿。

第二阶段：挖掘

① 挖掘客户的需求及痛点。

② 构建解决方案，制定赢单策略。

③ 掌握关键人参与度。

第三阶段：开发

① 产品方案的验证与优化。

② 商务公关，传递价值。

③ 关键人会晤。

第四阶段：合作

① 合同条款商定，并签订合同。

② 交付产品或解决方案。

第五阶段：服务

① 销售成交后的运维保障。

② 确认客户价值并挖掘新机会。

③ 强化客户价值。

结合个人作战地图，销售特种兵每周可以自查：我这周完成得怎么样？是否拿到了预期的阶段性成果？如果销售人员始终无法突破某个阶段，公司可以及时将客户转给其他销售特种兵，从而避免客户资源的浪费。

当然，为了配合自查，销售人员每天或每周要根据实际情况填写客户沟通记录表（见表7-3）。

表7-3 客户沟通记录表

填表人				入司时间			所属团队		团队总监	
沟通日期	序号	客户分类	客户属性	公司简称	姓名	职务	手机	方式（电话或拜访）	沟通结果	是否有意向
	1	普通客户	新客户	江华	李XX	总经理	1862128XXXX	拜访	有大营销管控课程需求	有意向
	2	大客户	老客户	华龙	张XX	董事长	1582323XXXX	拜访	有大营销方案辅导班需求	有意向
	3									
	4									
	5									
	6									
	7									
检查日期：____ 检查人签名：____ 销售总监签名：____ 总经理签名：____										

这个表格填起来并不复杂，关键是要做到填报信息准确、真实。这个动作看似简单，但对公司的价值不容小觑。在刚开始做管理时，我并没有重视这个问题，从未考虑对销售人员的动作进行留痕记录。直到有一天，我发现一位大客户被撬走了。事情曝光后，我第一时间想要挽回这位大客户。这才发现除了发货地址，公司几乎没有留存这位大客户的任何信息，只能眼睁睁地看着客户流失而无计可施。有了这次惨痛的教训，我才明白这个动作对公司意义重大。只有保留销售过程中的各类客户需求信息，企业才能在后期为客户带来更好的跟进和维护体验。

自从要求销售人员填写客户沟通记录表后，我还意外地发现了它的另一个好处：过去我在管理销售团队时，经常会反复找下属确认客户的跟进情况。自从有了这个表格，客户的情况一目了然。只要定期翻阅这些表格，我就能了解每个客户的动态，并根据这些信息指导下属调整销售策略，更好地为客户创造价值。

检查：检查表+头脑风暴会

除了靠员工自查，管理者还要及时做检查。在咨询过程中，我发现许多管理者不愿意做检查，他们的潜意识中有一种错误的观念：检查员工等于不相信员工。

事实并非如此，我认为检查至少有三个好处：

- 了解客户开发的进度与现状。
- 及时发现开发过程中存在的问题。

- 及时给予下属指导和帮扶。

尤其是最后一点，其作用不容小觑。许多管理者最大的问题是并没有帮助员工成长。管理者的天职就是要成就员工、培养员工。如果一名销售人员在公司干了十年，结果他的专业度和干了一两年的新人差不多，那么这很可能就是因为上司缺乏对他的检查和帮扶。

遗憾的是，在访谈管理者时，我发现许多管理者根本不会做检查，他们不知道应该如何进行检查。管理者应该如何有效地做检查呢？我在这里给大家推荐两个抓手：一是以检查表为抓手，检查员工是否按照作战地图执行；二是以头脑风暴会为抓手，群策群力，及时解决员工在开发客户的过程中遇到的障碍——在经销商开发、大客户开发、门店开发等实际销售场景中，销售人员经常会碰到一些难以解决的问题，管理者要及时通过头脑风暴会，快速地帮助他们突破这些障碍。

第一个抓手：检查表

多年来的管理经验告诉我：大部分员工只会做管理者要求并检查的事情。因此，员工的执行力与管理者的检查频次呈正相关。许多企业的员工执行力之所以差，根源就在于管理者根本不做检查，而一个不做检查的管理者一定不是一个合格的管理者。

一个合格的销售管理者每天必须花10分钟，对照作战地图及客户沟通记录表做好"五检查"，并根据检查结果填写检查表（见表7-4）。

表7-4 检查表

所属分公司：XX分公司				销管：XXX			
序号	所属团队	团队总监	伙伴姓名	伙伴类型	3月16日 周一			
^	^	^	^	^	有效销售动作	达标情况	赞助金额	销管抽查状况
1	冠军队	华山	文艺	老员工	2次拜访	OK	0	合格
2	^	^	胡蓉	老员工	2次拜访	OK	0	合格
3	^	^	周志强	老员工	2次拜访	OK	0	合格
4	^	^	李一华	老员工	2次拜访	OK	0	合格
5	^	^	陈欣	新员工	2次拜访	OK	0	合格
6	^	^	黄斌	新员工	2次拜访	OK	0	合格
7	^	^	张三峰	新员工	2次拜访	OK	0	合格

什么是"五检查"呢？管理者要检查以下五个方面。

检查客户沟通记录表是否填写完整

销售人员是否填错或者漏填呢？不要以为这是一个小问题，我曾见过不少销售人员故意将客户的电话号码漏写一个数字，导致公司积累的客户信息都是假的。因此，检查的颗粒度一定要细，只有把工作做细致，才能保证资料的真实性。

检查目标事项是否符合规范

前面我提出要定义销售动作的质量标准。动作如果没有达到标准，就不符合规范。比如，销售人员的关键动作是直播营销，但直播人数没有达到规定数量，直播时长没有达到规定时长，那么这个动作就不算规范。动作如果不符合质量标准，最终就达不到预期效果。

检查员工工作量是否达标

在作战地图中，每个动作都有清晰的量化标准，管理者要检查销售人员是否达到量化标准。如果没有达标，那么管理者要追问销售人员：为什么数量没有达标？如果管理者每天能花几分钟跟进一下，那么员工自然不敢懈怠。

检查填写的内容是否真实

管理者有义务检查员工填写的内容是否真实，以防一些别有用心的员工弄虚作假。比如，有一位销售人员填写的是拜访某位大客户，结果在客户公司楼下的咖啡厅坐了半小时，只是给公司发了一个定位，根本没有登门拜访。为了杜绝此类事件发生，管理者要从侧面向客户求证销售人员的拜访是否属实。

检查工作成果是否完成

最后，管理者还要检查这个动作是否达成预期的成果。比如，今天某位销售人员的目标是签单一个客户，虽然他的销售动作完成了，却没有达成签约客户的最终成果。这个时候，管理者可能就需要介入，帮助员工找到无法签单的症结。

通过"五检查"，管理者就能明确销售人员是否按照作战地图执行，以及执行效果。

第二个抓手：头脑风暴会

如果说填写检查表是为了监督员工是否按照作战地图执行到位，那么头脑风暴会则更侧重于解决销售过程中的障碍点和难点。

为什么其他团队要花五年时间去开发的大客户，我的团队用一年甚至半年的时间就开发成功了呢？秘诀就在于，我的团队以头脑风暴会的方式，及时解决了销售过程中的障碍点。如果管理者没有告诉员工如何突破这些障碍点，那么开发必然会陷入僵局。

在与管理者聊天的过程中，我发现大多数企业都缺少这个环节。他们往往只关注销售人员的业绩结果，对于销售过程既没有帮扶也没有管理，这导致员工遇到问题只能听天由命。然而，帮助下属出业绩本是管理者的分内之事。销售人员开发的客户越大，面对的障碍和困难就越多，就越需要管理者密切关注开发过程，做好帮扶管理。面对重重障碍，管理者是选择让他们独自闯关还是调动团队的力量一起闯关，结果一定是不同的。所以，过去我在带领特种兵团队开发大客户时，每周都会雷打不动地召开一个半小时的头脑风暴会。

你可能会有疑问：大部分企业都会召开周例会，那么头脑风暴会与周例会有什么不同呢？主要区别有两点：一是周例会是为了跟进结果，而头脑风暴会则更关注过程；二是周例会强调的是考核，而头脑风暴会更加关注帮扶。

一次有效的头脑风暴会包括以下四个环节。

第一个环节：通报业绩排名和过程排名

企业可以将所有销售特种兵的作战地图汇总为一张完整的大客户作战地图（见表7-5）。我个人的习惯是将完整作战地图贴在墙上，以便随时跟进所有大客户的开发动态。在每周一的头脑风暴会上，销售督导会对照这张完整作战地图，通报本周的业绩排名以及过程排名。

通常情况下，大多数企业只关注业绩排名，极少会对开发过程进行排名。那么为什么管理者要对开发过程进行排名呢？因为如果管理者只关注业绩结果，不关注过程管理，不及时检查每个客户的开发进度，那么当销售人员遇到障碍时，客户就始终无法进入下一个阶段。但是，通过过程排名，管理者能及时发现问题，接下来就可以辅导销售人员找到真因，并对症下药。如果销售人员经过多次尝试仍无法突破到下一个阶段，这个客户就要转交给其他人开发，而不是白白浪费公司的客户资源。

第二个环节：销售人员分享

在接下来的环节，我会邀请四位销售人员做分享，他们分别是业绩排名首位和末位的销售人员，以及过程排名首位和末位的销售人员。每人分享3分钟，排名首位的两名销售人员分享自己的成功经验，排名末位的两名销售人员分享失败教训以及障碍点。

分享结束后，我会当场点评：在刚刚四位伙伴的分享中，有哪些经验值得大家借鉴？有哪些问题需要大家关注？每一个障碍应该如何克服？……这就是一个定期复盘的机制，从多个维度来审视销售过程中的成功和失败因素，然后将个人的经验教训变成组织的经验教训，最终推广到整个团队。

表7-5 大客户作战地图（公司完整名单）

客户级别	责任人（团队）	开发进度					1月	2月	3月	4月	5月	6月	7月	8月	9月	10月	11月	12月
		洞察	挖掘	开发	合作	服务												
A		√	√	√	√	√												
B		√	√	√	√													
C		√	√	√														
D		√	√															
E		√																
备注	洞察：明确客户需求，确认项目是否立项并了解预算；了解客户的需求及决策流程和选择标准；识别项目的决策链条与关键人员；明确产品方案是否精准匹配客户，以及友商是谁，有什么优劣势，差异化在哪儿（我们适合客户需求吗？我们了解客户需求吗？）	挖掘：挖掘客户开发；产品方案的痛点，构建解决方案，制定赢单策略；掌握关键人参与度（客户接受我们吗？）	开发：产品开发优化验证和优化；商务公关，传递价值，或解决价值，关键人会晤（客户与我们达成一致了吗？）	合作：合作；合同签订，并交付产品或解决方案（我们与客户达成一致了吗？）	服务：销售成交后的运维保障；确认客户价值；挖掘新机会；强化客户价值（客户满意吗？）													

第三个环节：主题风暴

根据上一次通报中发现的问题，我的团队会提前确定主题，进行主题风暴。这些主题都是销售人员在大客户开发过程中遇到的疑难问题，比如如何约见关键决策人、如何邀请关键决策人进行高层会晤、如何识别客户的隐性需求、如何分析竞争对手、如何高效收回尾款等。

为了让主题风暴更有成效，我会提前邀请在这个问题上富有经验的两三位标杆进行经验分享。比如每人分享三五分钟，介绍自己过去是如何高效收回尾款的。接下来，再由我和在场的销售管理者分享过去我们是如何收回尾款的。最后，我让大家一起出谋划策，尽量保证所有人在45分钟内达成共识，并总结出"高效收回尾款的若干个步骤"。

如果一次主题风暴还没有解决这个问题，那么同一个主题可以讨论2~3次。经过反复讨论和实践检验后，我们再来复盘哪些方法在实战中是有效的，哪些方法还不足以打动客户，我们还需要做哪些方面的改进。

常年坚持下来，参与主题风暴的销售人员不仅能优化自己的销售方法论，还能将其传达给全公司的销售团队。如果每周都能解决一个通报中的疑难问题，形成一套销售方法论，那么半年以后，企业就可以将这些问题的答案汇编成册，形成销售团队的"星火手册"，而这个手册对其他销售团队的成长也有巨大的指导意义。

在辅导企业的过程中，我发现不少企业也编写了各种手册，但大多数手册都被束之高阁，根源就在于这些手册不能用于实战，它们没有经过高手头脑风暴的碰撞，就不可能真正解决营销一线的问题。

第四个环节：总结和部署下一阶段的重点工作

最后，再由营销负责人总结和部署下一阶段的重点工作，包括下一阶段的培训工作以及每个人开发工作的重点，并形成行动计划表，落实到人、到天。下一次会议开始之前，企业要先对照上一周的行动计划表，检查工作结果是否达成。

以上就是头脑风暴会的闭环，包含以下步骤：通报业绩排名及过程排名，从通报的排名中找到需要重点关注的销售人员，从销售人员的分享中找到开发中的障碍，通过头脑风暴会形成方法论，再将方法论用于实战。如果这个闭环每周能运转一次，那么管理者就对客户的开发进度了如指掌，绝不可能到了年底才发现业绩完不成。一旦发现开发过程中存在障碍，管理者就能及时调动团队的力量去解决这些障碍。长此以往，企业就能从中提炼出一套实战方法论，形成公司的文化资产，并将其推广给全公司的销售团队。

抽查：抽查表+反馈表

根据我对上千家企业的调研和观察，我发现这套作战地图能否在企业落地执行，关键取决于三个角色的认知和坚决执行程度。

第一个角色是老板，老板是企业的第一增长官、第一客户官、第一营销官。如果老板不支持，那么这件事就很难落地。

第二个角色是营销部门负责人，他是这套体系真正的执行者。如果他放松了对下属的标准，那么基层的动作很快就会变形。

第三个角色是销售督导，他负责监督这套体系在一线的落地情况。

前面两个角色的重要性不言自明，可为什么销售督导也如此举足轻重呢？因为我曾经做过一次样本调查，发现在实际管理的过程中，大约一半以上的管理者并没有认真做检查。这些企业的现状是一个"油王"拖着一群"老油条"。在这种情况下，如果总部将检查的权力完全下放给管理者，却不对管理者进行约束，那么大概率任何动作都是执行不到位的。

如何才能保证管理者检查到位呢？只有一个办法：设置一个专门的岗位来盯着管理者。这个专门盯着管理者的"钦差大臣"就是销售督导，专门负责对管理者进行抽查。有了这位"钦差大臣"代"皇帝"巡查，管理者头顶就好比悬着一把"尚方宝剑"，他们自然不敢懈怠。

我个人最大的爱好是研究历史，因为研究历史能洞察到亘古不变的人性。其实，销售督导这个角色的灵感就来自历史的启发。自秦朝起，中国几乎每个朝代都有这样一条独立的职能线，比如秦汉的御史府、唐朝的御史台、明清的都察院、现代的纪检委。无论称谓如何演变，它们的工作职能都是类似的：负责监督各级官员的工作。为什么？因为人性中有懒惰、自私等阴暗面，而第三方监督是约束人性阴暗面最有力的武器。同样，销售督导的职能也是督查和指导销售管理者的工作。销售督导能否客观公正地进行抽查和反馈，将直接决定这个体系能否在基层执行到位。

既然销售督导如此重要，那么他应该满足哪些任职要求呢？参考多年的实践经验，我发现，一个优秀的销售督导必须符合以下六个画像。

画像一：高度认同公司价值观，与老板同频

销售督导必须高度认同公司的价值观，与老板同频。因为一个人要想在工作中取得成果，他的价值观与公司的价值观就必须相容。否则，他会长期陷入一种精神内耗的状态：不仅会备感沮丧，还无法取得成果。

画像二：原则性强，做事公平公正

销售督导作为监察岗，他的原则性必须强，做事要公平公正，否则这个岗位就失去了意义。

有一次，我带着一群企业家去客户企业参观。谈到作战地图的落地时，这家企业的董事长告诉我们，他们之所以能执行到位，源于他们有一位原则性极强的胡督导。这位董事长举了一个例子：有一次，他由于疏忽，违反了作战地图中的一个小要求，胡督导毫不客气地告诉他，按照作战地图的要求，公司将问责他1 000元。

董事长不可置信地问："我是老板，你要问责我吗？"

胡督导不客气地答道："您说过，公司的制度大于一切！"

听到这句话，董事长心里乐开了花，感慨自己选对了督导。后来，董事长专门请胡督导来现场给企业家们分享，他也分享了自己刚刚做督导时遇到的诸多困难。

一次，他的前领导因为陪太太去医院，少了一次关键动作，按照制度要被问责40元。这位领导打电话给胡督导求情，而胡督导非常坦诚地说："您是我的老领导，我非常感谢您培养了我。但我现在的岗位是督导，我不能这样做。要不这40元我掏了，但该问责还得问责。"这位领导当然不好意思让胡督导掏这笔钱，只能接受问责。类似的事情又发生了许多次。慢慢地，大家都接受了胡督导的正直，再也没有人找他"开绿灯"。

一开始，大家都以为督导必定是一个得罪人的差事，但出乎意料的是，由于做事公平公正，胡督导反而受到了所有人的尊重。这家公司每半年会做一次360度考评，而胡督导每次的得分都在95分以上，连董事长都表示非常钦佩，因为他每次只有80多分。

画像三：做事态度认真负责

由于销售督导负责的区域广，工作也非常琐碎，所以督导必须认真负责。按照我的实践经验，一般每200个销售人员可以配1个销售督导。如果销售团队的规模超过1 000人，那么企业则需要成立专门的督导部，由总督导来负责管理，直接向营销副总裁汇报。比如，我服务的一家门店连锁型企业在全国有1 000多家门店，于是它在营销副总裁下面设立了专门的督导部，由总督导负责，其中每个销售督导负责一座城市的所有门店。

画像四：有文案功底以及分析指导能力

销售督导还必须具备一定的文案功底和分析指导能力。所谓文案功底，不是指文字工作者的策划能力，而是指能细致地填写抽查表和反馈表。所谓分析指导能力，是指通过每天或每周的数据对比，分析哪些团队进步非常快，哪些团队出了问题。有时候，销售督导还要打电话给管理者，通报团队中出现的问题，并针对问题共同商讨解决方案。

画像五：具备内外部沟通能力

销售督导还必须具备内外部沟通能力。我刚刚提到销售督导要对管理者进行指导，这就属于对内沟通。与此同时，督导在抽查时还需要给客户打电话，这就需要对外沟通的能力。

举个例子，假设你要抽查销售员小赵昨天的拜访记录是否真实，那么你不能直接问客户："张总，小赵昨天有没有去拜访您？"客户可能感到一头雾水，甚至直接挂掉电话。这个时候，你就要发挥销售督导的对外沟通能力，可以这样说："张总，您好！我是某某公司的客服人员，感谢您对我们公司的支持！过几天是我们公司的十周年大庆，我想跟您确认一下，我们公司的销售员小赵昨天有没有把邀请函给您送过去？"如果客户否认，那就代表小赵是虚假拜访。

画像六：熟悉公司业务流程

销售督导还必须熟悉公司的业务流程，因此不能从外部招聘，最好是通过内部竞聘来选拔督导。我的客户企业通过竞聘选拔的督导都是在公司内部干了许多年的老销售，他们可能对销售这个岗位有职业倦怠感，而自己在性格上又适合做督导，因此会主动要求转型做销售督导。事实证明，大部分转型成功的销售督导都非常稳定，干得也十分出色，甚至有一家企业的督导现在已经晋升为公司的营销副总裁。

督导应该如何竞聘呢？首先，竞聘督导要回答三个关键问题：我是谁？为什么要做督导？怎么做督导？然后，由考官进行5~10分钟的提问。竞聘成功后，由公司发放聘书。为了确保销售督导合格，企业还要为其安排三个月的试用期，而不是一开始就给他发放高工资（销售督导享受销售经理级别的平均工资，总督导享受销售总监级别的平均工资）。三个月后，根据试用期的表现正式转正。转正要有十足的仪式感：销售督导要当众宣读督导宣言，这能强化督导的责任感与神圣感。

总结一下，销售督导的画像必须符合"三德三才"的标准，前面三个画像考察的是督导的"德"，后面三个画像考察的是"才"。如果这些无法兼顾，那么我个人建议先考虑"三德"，再考虑"三才"，因为前者不可培养，后者还可以慢慢弥补。

聊完销售督导的画像，我们再来聊一聊销售督导应该如何抽查。

这个问题也要根据销售类型来区分：如果你的企业属于"早出晚归型"企业，我建议每天在最小作战单元内抽取2~3个人进行检查，比如门店型企业可以要求每家门店抽查2~3名门店销售；如果你的企业属于"周出月归型"企业，我建议每周抽查一次，比如每家分公司抽查2~3名销售员，再根据抽查结果填写抽查表（见表7-6）。

如果抽查结果显示员工填写的是虚假信息，那么第一次就对该员工进行罚款警告，第二次直接开除。此外，这条业务线上的销售经理、销售总监的罚款都要加倍。为什么？因为虚假的背后折射出的是管理者的检查不到位，所以他们也要负连带责任。

同理，如果销售督导没有及时公示抽查结果或弄虚作假，那么销售督导及其总部管理线上的营销副总裁，甚至总裁都要负连带责任（见表7-7）。因为按照惯例，如果公司规模小，督导部就由老板亲自管理，如果公司规模大，督导部就由营销副总裁管理，所以他们的罚款也要加倍。

表7-6 某公司抽查表

总部 4×5[①] 管理抽查报告							
日期：2020.3.18							
分公司	团队	伙伴姓名	职务	抽查状况	抽查结果	备注	抽查人
河南	猎鹰队	薛XX	新员工	1.昨日工作目标：2家拜访；目标达成情况：完成（有通话记录单）2.今日工作目标：2家拜访	合格	—	总部督导沈XX
山东	突击队	张XX	老员工	拜访数量1家	不合格	赞助20元	总部督导沈XX
上海	冠军队	李XX	老员工	1.昨日工作目标：2家拜访；目标达成情况：完成（有通话记录单）2.今日工作目标：2家拜访	合格	—	总部督导沈XX

备注：
1. 此表格用于总部督导，总部督导须每日抽查分公司销售总监和销售伙伴的动作完成情况。
2. 将抽查结果公布于OA（自动化办公）平台，如未按时在OA公布检查结果，赞助500元/次。

---

① "4×5"指一种作战地图。

表7-7　某公司总部督导抽查管理制度

抽查周期	抽查人数	抽查、记录内容	抽查结果要求	管理办法
每周或每月	1~2人次/战队	1. 抽查客户沟通记录表填写是否标准、完整 2. 抽查目标事项是否明确符合规范 3. 抽查工作量是否达标（电话量或拜访量是否符合标准） 4. 抽查工作内容是否真实（是否真实跟客户电话沟通，是否真实拜访，了解满意度和真实度） 5. 抽查工作成果是否完成	1. 每周或每月抽查电话拜访和上门拜访的真实性 2. 于每周一下午4点前公布于OA 3. 未达标员工姓名贴在营销看板上	1. 若抽查出虚假信息，虚假人赞助500元，第二次出现虚假就开除，其直接组长赞助800元，教官赞助1 000元 2. 若督导虚报信息或没有及时公示，则督导赞助500元，营销管理中心负责人赞助2 000元，总裁赞助3 000元 3. 第二次出现虚假开除当事人
本办法自2022年1月1日开始执行，由总部营销管理中心负责抽查、考核，最终解释权归营销管理中心所有				

销售督导不只是抽查员工，还要对业务线的管理者进行抽查，抽查的逻辑与上述相同。抽查结束后，销售督导还要填写反馈表（见表7-8）。

表7-8 某公司反馈表

4×5总部督导汇总反馈报告（3月18日）					
集团24家分公司					
总部抽查33位，合格31位，不合格2位，合格率93.9%					
序号	公司	总部督导抽查			
^	^	抽查人数	合格人数	不合格人数	合格率
1	上海	2	2	0	100%
2	深圳	2	2	0	100%
3	北京	2	2	0	100%
4	广州	2	2	0	100%
5	厦门	1	1	0	100%
6	杭州	2	2	0	100%
7	长沙	2	2	0	100%
8	昆明	2	2	0	100%
9	武汉	1	1	0	100%
10	郑州	1	1	0	100%
11	南京	1	1	0	100%
12	南昌	1	1	0	100%
13	苏州	1	1	0	100%
14	石家庄	2	1	1	50%
15	西安	1	1	0	100%
16	佛山	1	1	0	100%
17	济南	2	1	1	50%
18	合肥	1	1	0	100%
19	成都	1	1	0	100%

(续表)

4×5总部督导汇总反馈报告（3月18日）				
集团24家分公司				
总部抽查33位，合格31位，不合格2位，合格率93.9%				
序号	公司	总部督导抽查		
^	^	抽查人数	合格人数	不合格人数	合格率
20	银川	1	1	0	100%
21	贵阳	1	1	0	100%
22	太原	1	1	0	100%
23	温州	1	1	0	100%
24	哈尔滨	1	1	0	100%
合计		33	31	2	93.9%
总结		非常好：上海、深圳、北京、广州、厦门、杭州、长沙、武汉、郑州分公司的4x5销管周报非常完整，填写认真仔细，在此提出特别表扬			
^		很好：昆明、南京、苏州、西安、佛山、银川、贵阳、太原、哈尔滨、温州分公司的提报情况也很好，需要改进的是，表格中如有空格，需要备注原因			
^		良好：合肥、成都分公司的提报良好，需要改进的是，每周完成情况没有统计			
^		需要改进的有：石家庄、济南分公司，因有会务而没有及时提报过程管控的目标和结果，提出批评，下不为例			

一般来说，"早出晚归型"企业必须要求每日反馈一次，"周出月归型"企业可以要求每周反馈一次。销售督导不仅要统计出

各个销售团队的合格率，还要对它们的表现进行反馈：哪些团队表现非常好？哪些团队表现很好？哪些团队表现良好？哪些团队需要改进？通常情况下，如果一个团队连续两次被要求改进，那么管理者一定脸上无光，这就会倒逼这个团队成长；而那些表现非常好的团队也受到了及时的激励。

与此同时，每个团队存在的问题也会第一时间暴露出来。如果某个团队的合格率持续下滑，那么管理者能第一时间跟进辅导，找原因、寻对策，而不是等到年底才发现问题。如果在问题出现苗头时就寻求解决办法，及时跟进培训和通关，那么年底的达标率一定不会很低。

三查系统的目的不是考核，而是以"三查"为抓手，及时了解销售过程的进度和其中的障碍，从中找到一些共性问题。接下来，公司再召集最富有经验的一小群人进行头脑风暴，共同商讨出共性问题的解决方案。经过实践验证后，公司再将这些解决方案编入销售秘籍，形成公司的文化资产，并通过培训和通关推广给全公司的销售团队。如此一来，销售人员就能第一时间解决客户的问题。

第八章
围绕客户终身价值设计激励机制：
让五星级员工和客户享受五星级待遇

价值评价的三个误区

当销售人员按照作战地图服务完客户后，接下来的问题是：企业如何评价他的价值贡献，并给予相应的奖罚呢？这是价值评价与价值分配问题。

从人才生命周期的角度看，企业要打通识人、招人、育人、用人、励人、留人、汰人等多个环节。企业选择了一颗"好种子"后，接下来就要用心培育他，让他成为有用之才，再推动他做事，最后给予他公正的评价，并根据评价结果激励他，让创造高价值的人获得丰厚的物质回报和精神回报，对少创造价值的人降级降薪，让不创造价值的人离开队伍。最终，这个团队会形成正向循环，吸引越来越多可以创造高价值的人。

反之，如果创造了高价值的人没有得到应有的回报，这家企业就无法吸引优秀人才，这是企业开始衰落的信号。从这个角度看，能否设计一套公平透明的价值评价体系，直接决定了这家企业未来是走向繁荣还是衰落。

遗憾的是，我发现大多数企业都会在价值评价上陷入三个误区。

误区一：评价标准单一，只以短期业绩论成败

评价标准单一，只以短期业绩论成败，企业这样做会带来什么后果？这会让那些"老油条"钻了空子。我手下曾经有两名业绩不错的"老油条"，他们仗着手里有老客户，经常不来上班，不参加周例会，甚至私下飞单。在这种情况下，公司却还要按照业绩结果奖励他们。如果这种状态长期持续下去，那么会有越来越多的员工变成"老油条"。因为组织成员通常会按照其他人受到奖励的方式行事。

因此，评价标准不仅仅是评价标准，它背后代表的是企业真正的价值观，它会告诉组织里的每一个人：企业提倡什么，反对什么。最后，这个标准会对员工的行为起到示范和塑造作用。

误区二：评价标准与激励机制是割裂的

从某种角度讲，评价是为了更好地进行激励。然而，许多企业在评价上是一套标准，在激励上是另一套标准。如果企业将两者割裂开，价值创造和价值分配就不成比例。比如，薪酬和职位是企业最重要的激励资源，如果不管干得怎么样，销售人员都拿一样的底薪，升职的永远是老板的亲信，那么过不了多久，大家的工作热情会随之消失殆尽。

企业需要形成"价值创造—价值评价—价值分配"的闭环，

要构建一个良性的业务生态系统，既要创造价值，更要合理分配价值。而合理分配价值的前提是进行科学公正的价值评价，这样才能让每一个创造价值的人都得到相应的回报，企业的业务生态才能走向良性循环。如果创造价值的人没有得到相应的回报，那么这一定会降低员工创造价值的动力。所以，从这个角度看，价值评价不是企业的目的，而是实现价值分配的手段。

误区三：评价标准不透明

在访谈销售人员时，经常有人向我抱怨："每个月拿多少工资，每年能不能升职，这些都只能听天由命。"这说明什么？企业的评价标准不透明。

优秀的销售管理者必须从一开始就向销售人员传达：你要做什么以及达到什么标准就能升职加薪。一旦评价标准清晰透明，每个销售人员就会明白：能拿多少工资、能升到什么岗位，不是由上司决定的，而是由自己决定的。这种制度和流程上的公平透明，能最大限度地激发员工的自驱力。

事实上，我在带团队的过程中，也踩过上面的这些坑，我一直在思索如何解决这些问题。20多年前，我边带团队边摸索，希望研发一套科学、公平、透明的评价体系。最终，经过多年的摸索和总结，我研发了一套成熟的价值评价系统——五星评定系统。

每个季度，我都会在销售部门组织一次五星评定，确定每个销售人员的星级，并根据星级确定每个销售人员下一季度的基本工资以及晋升、降级、淘汰结果等。迄今为止，这套五星评定系统已应用于4万多家企业，且反馈非常好。

下面我以基层销售岗位为例，拆解五星评定系统的底层逻辑，阐述它是如何顺应人性、激发员工潜能的。下文主要涉及两大问题：

- **评什么**：从哪些维度评价基层销售人员？各个评价指标如何科学赋值？
- **怎么评**：如何将评价结果与激励机制挂钩？如何打通"价值创造—价值评价—价值分配"的闭环？评定的时间周期是多久？评定的基本流程是什么？

如表8–1所示，这是一个针对基层销售人员的五星评定模板。下文以这个模板为例，拆解五星评定系统的底层逻辑。

表8–1 基层销售人员的五星评定

星级	新增业绩（万元）	总业绩（万元）	过程得分（分）	通关成绩（分）	评定工资（元）
五星级	60	500	90	90	8 000
四星级	50	400	80	80	6 500
三星级	45	350	70	70	6 000
二星级	40	300	65	65	5 500
一星级	35	280	60	60	5 000

备注：
1. 新入司为0星级，考核6个月内新增业绩、总业绩和过程得分，通关合格后向上晋级。
2. 新增业绩：半年销售业绩总和。
3. 过程得分：4×5半年得分。
4. 通关成绩：含笔试和情景面试的成绩。
5. 每半年评定一次。

评什么

评价标准：从一维到三维

价值评价的首要问题是选择评价标准，即企业要用哪些指标来评价销售人员。

作为一名营销总顾问，我经常与许多企业交流这个问题。结果我发现，大多数企业对销售人员的评价只有一个维度——业绩指标。然而，业绩指标只是一个结果指标，它代表的是销售人员在过去一段时间内的短期绩效。这个结果可能是靠实力，也可能是靠运气，比如销售人员刚好碰到了一个大客户。因此，短期绩效并不能完全真实地反映销售人员的水平。

我继续思考：驱动销售人员持续提升业绩的关键指标是什么呢？

最终，我找到两个答案。一个是过程指标，即员工在销售过程中能否保质保量地将关键动作做到位，这决定了最终的销售结果是否可控。通常情况下，销售过程越好，业绩结果就越好。另一个是专业指标，也可以称为通关指标。销售人员的专业度高低直接决定了他是否具备持续成交客户的能力。专业能力越强，业绩结果就越好。

因此，在设计评价标准时，企业要综合考虑三个指标：业绩指标是结果指标，过程指标和通关指标是真正决定业绩结果的驱动型指标。

业绩指标：包括销售额指标、利润指标和回款指标

业绩指标是衡量销售人员绩效最直接的指标。我认为，企业应将业绩指标拆为两个细分项：一是总业绩，包括老业绩和新增业绩；二是新增业绩，即新客户、新市场或新产品所产生的业绩。

企业可以根据自己的战略需求来定义新增业绩。比如，如果企业当下的战略重心是开发新市场，那么它可以将新市场所产生的业绩定义为新增业绩；如果企业当下的战略重心是推广新产品，那么它可以将新产品所产生的业绩定义为新增业绩……总之，企业应该充分利用新增业绩这一指标，将销售人员的时间和精力牵引到企业想要突破的战场上。

可能有人会问："企业只需要考核总业绩就行，为什么非要单独考核新增业绩呢？"接下来，我通过一个故事来说明考核新增业绩的意义。

不久前，一位老板向我讲述了他的困惑：他的公司面对的都是价值千万元的订单，销售人员开发新客户的周期很长，开发难度也很大。这导致许多销售人员一旦成功开发出了大客户，就不愿意再去开发新的大客户了，因为只要服务好这个大客户，提成就够员工"吃饱"了。

为什么会出现这种现象？原因在于这家企业没有考核新增业绩。企业不仅要考核总业绩，还要考虑总业绩的构成及其带来的影响。如果一名销售人员的业绩都是由老客户贡献的，那么他就是在靠老客户存活。时间一长，销售人员的狼性会消失，开发能力也会退化。与此同时，企业没有新客户进来，客户入口很快就被掐断了。一旦老客户流失,客户池子里的水会越来越少。

既然销售人员的使命是攻城,那么他必须不断开发新客户。而企业要想让销售人员不断开发新客户,就必须匹配关于新增业绩的考核指标。考核指标才是员工行为的指挥棒,企业需要什么就考什么,考什么就评什么,评什么就得什么。这就是考核指标的牵引作用。

过程指标:销售人员在销售过程中的得分

业绩指标固然重要,但企业只考核业绩结果是远远不够的。如果企业只考核业绩结果,不考核销售过程,那么一部分老员工可能会产生这种心态:公司不管其他的,我只要业绩好就行了。于是他们开始懈怠、飞单……如果将这样的"老油条"评为高星级员工,那么价值评价很难起到示范作用。长远来看,只有好的过程才能保证产生好的结果。即便这些"老油条"目前的业绩还不错,如果他们的销售动作没有保质保量完成,那么其未来的业绩也是不稳定的。

因此,我反复强调:企业要对销售人员的关键动作或阶段性成果进行考核。考核的目的不是罚款,因为许多高收入的销售人员根本不在乎这点儿罚款。但是,他们一定在乎两样东西:一是票子——工资;二是面子——职位晋升。如果企业将罚款金额换算为过程得分,再将过程得分与工资、职位晋升挂钩,那么没有人会不在乎。

通关指标:考察的是销售人员的专业能力

企业需要的是专业能力扎实的销售人员,而不是靠运气碰到大订单的幸运儿。销售人员只有专业能力过硬,才能持续服务好客户。因此，考核通关指标是为了筛掉那些能力不足却撞了大运的人。同时，这个指标还会倒逼销售人员重视专业能力的提升。

从单一的业绩指标到三大综合指标，这不仅仅是评价标准的升维，更是价值观的升维：从短期业绩导向到客户终身价值导向。因为无论是过程指标还是通关指标，都是为了牵引销售人员持续实现客户终身价值最大化。最终，评价标准往哪里走，员工就往哪里走。评价标准不一样，企业培养出来的人才也会不一样。

业绩指标的五条设计原则

考核指标确定后，企业接下来要解决的问题是：如何为各星级的考核指标赋值？我先来解答如何为各星级的业绩指标赋值。根据过去的实践经验，企业在赋值业绩指标时必须遵守以下五条基本原则。

原则一：星级越高，指标越高

无论是业绩指标还是过程指标，赋值的首要原则都是星级越高，指标越高。

表8-2是某企业To B（面向企业）端销售人员的五星评定。这家企业从一星级销售人员到五星级销售人员，无论是新增业绩还是总业绩，目标值都在逐级递增，且递增的幅度越来越大。以新增业绩为例，表8-2中各星级之间的目标值差额自下而上分别为15万元、20万元、25万元和30万元。

表8-2 某企业To B端销售人员的五星评定

星级	新增业绩（万元）	总业绩（万元）	过程得分（分）	通关成绩（分）	评定工资（元）
五星级	150	500	90	90	15 000
四星级	120	400	80	80	12 500
三星级	95	320	70	70	10 500
二星级	75	250	65	65	9 000
一星级	60	200	60	60	8 000

备注：
1. 新入司为0星级，考核6个月内新增业绩、总业绩和过程得分，通关合格后向上晋级。
2. 新增业绩：半年销售业绩总和。
3. 过程得分：4×5半年得分。
4. 通关成绩：含笔试和情景面试的成绩。
5. 每半年评定一次。

原则二：星级越高，人数越少

为业绩指标赋值的第二条原则是星级越高，人数越少。

有些企业认为评定星级是为了给所有销售人员贴上从一星级到五星级的标签，这种理解是错误的。星级必须是一种稀缺的荣誉资产，这样它才能发挥精神激励的作用。因此，企业一定要严格评定，可能50%以上的销售人员都评不上星级。

具体来说，各星级销售人员的占比如何设计呢？经过反复测算和实践验证，我认为企业可以参考以下比例：

- 五星级销售人员：占比1%~2%。

- 四星级销售人员：占比2%~3%。
- 三星级销售人员：占比3%~5%。
- 二星级销售人员：占比5%~10%。
- 一星级销售人员：占比10%~20%。

综上，最终评上星级的销售人员数量应不超过销售团队总人数的40%。为了保证五星评定的实效性，在业绩指标设计完成后，企业还需要在小范围内试运行1~2次。如果在试行时60%以上的销售人员都被评上三星级以上，那么这说明企业的业绩指标设计得过低。相反，如果在试行时没有人达到三星级以上，那么这说明业绩指标设计得过高，企业需要马上做出相应的调整。

原则三：衡量指标可选择收入、个数及三大率

业绩指标如何衡量呢？常见的衡量指标有三种。

（1）收入

在表8-2中，这家企业的衡量指标就是销售收入，这也是最常见的一种方式。一般来说，销售收入以"元"为单位，但我辅导的一家建材企业就以"立方米"为收入单位，也有一些饲料企业以"吨"为单位。因此，企业可以根据实际情况来设计。

在特殊情况下，企业可以根据自己的实际情况，选择其他具体的衡量指标。比如，我曾经服务过一家建筑企业，其主营业务是承接各类企业的工程项目。面对这群客户，这家企业最头疼的问题是什么？项目回款慢。因此，在设计五星评定系统时，我建议该企业从考核合同金额转为考核回款收入。果不其然，回款问题很快得到了有效解决。

（2）个数

个数通常是指销售人员成交的订单数量。在考核个数时，企业要从金额和时间两个维度设置清晰的门槛，比如，客户单笔交易金额达到500元以上，合作时间超过一个月，才是一个合格的订单。

为什么要设置门槛呢？因为如果企业不设置门槛，那么员工可能会钻空子。在我的职业生涯中，有过一段小插曲：我手下的一名销售人员与客户的私交甚好，不知道他用了什么方法，说动客户注册了三家新公司，之后他将过去一家公司的订单分摊到四家公司。最后，我们还是在发货的过程中发现了端倪——负责发货的同事发现，这几家公司填写的是同一个收货地址，这才曝光了该销售人员的作弊行为。

（3）三大率：目标完成率、市场占有率和收入增长率

有些企业在区域市场已经深耕了二三十年，当地的市场潜力已经被挖掘殆尽。如果此时企业还机械地考核新增业绩，那么激励效果可能差强人意。针对成熟市场，企业可以选择考核目标完成率。

表8-3是一家门店型企业为To C（面向消费者）端销售人员设计的五星评定。这家企业为所有To C端销售人员都设定了一个季度目标，并将该季度目标作为业绩考核的基准线。从五星级销售人员到一星级销售人员，其目标完成率分别为130%、122%、115%、110%、105%。

表8-3　某企业To C端销售人员的五星评定

星级	目标完成率（%）	尖刀产品占有率（%）	过程得分（分）	通关成绩（分）	评定工资（元）
五星级	130	80	90	90	12 000
四星级	122	75	80	80	10 500
三星级	115	70	70	70	9 200
二星级	110	65	65	65	8 000
一星级	105	60	60	60	7 000

备注：
1. 新入司为0星级，考核3个月内新增业绩、总业绩和过程得分，通关合格后向上晋级。
2. 过程得分：季度过程得分。
3. 通关成绩：含笔试和情景面试的成绩。
4. 每季度评定一次。

相反，对于增长潜力较大的新市场，企业可以考核收入增长率。收入增长率可以细分为两种：一种是同比增长率，即今年业绩相比去年同期的增长率；另一种是环比增长率，即相比上一季度业绩的增长率。企业可以选择任一一种作为考核指标，只要定义清楚即可。

电商型企业则适合考核市场占有率，因为电商行业通常是"赢家通吃、一家独大"，行业第二、第三的生存空间都不大。不过，考核市场占有率有一个前提：市场部发育成熟且行业数据完善。

如何判断自己的企业适合哪一种考核方式呢？这主要取决于两点，一是企业的销售类型。比如，门店型企业适合考核目标完成率，因为线下门店通常会受所在区域的限制，不太容易扩张市场；而电商型企业则更适合考核市场占有率，这是由不同销售类型的特性所决定的。二是企业业务本身所处的生命周期。如果某项业务正处于初创期或高速成长期，那么企业在这一阶段的首要任务是扩大收入，这个时候就适合考核收入增长率。相反，如果某项业务已经步入成熟期甚至衰退期，市场已经趋于饱和，那么企业不妨直接考核目标完成率。

原则四：定格四星级

在进行五星评定时，企业还要解决一个重要问题：如何将销售目标分解为各星级的业绩目标？这就引出了一条重要原则：定格四星级。定格四星级是指企业要先计算出四星级销售人员的总业绩以及新增业绩目标。

如何为四星级销售人员的业绩指标赋值呢？企业可以参照历史数据，将上一年度销售冠军的总业绩以及新增业绩结果作为参考值。

假设上一年度销售冠军的总业绩为1 000万元，企业据此可以计算出四星级销售人员今年的总业绩目标值：

- 对于每半年评定一次的企业而言，四星级销售人员的总业绩目标值为500（1 000÷2）万元。
- 对于每季度评定一次的企业来说，四星级销售人员的总业绩目标值为250（1 000÷4）万元。

新增业绩目标值的设计也遵循相同的逻辑。假设上一年度新增业绩冠军的成绩为 400 万元，企业据此可以计算出四星级销售人员的新增业绩目标值：

- 对于每半年评定一次的企业而言，四星级销售人员的新增业绩目标值为 200（400÷2）万元。
- 对于每季度评定一次的企业来说，四星级销售人员的新增业绩目标值为 100（400÷4）万元。

为什么要将上一年度销售冠军的业绩定格为四星级目标值，而不是五星级的呢？原因很简单，这是为了给销售人员留出更大的成长空间，激励大家超越去年的销售冠军，百尺竿头，更进一步。

以上公式适用于大多数销售服务型企业，但有一种情况，计算公式需要适当调整。

曾经有一家企业在计算四星级销售人员的业绩目标值时，碰到了一个棘手的问题：这家企业的销售冠军能力太强，一个人就贡献了公司近一半的销售额。如果根据他的业绩来定格四星级目标值，那么公司 99% 的销售人员都达不到四星级标准，怎么办？

我建议这家企业不要根据销售冠军的业绩来定格四星级目标值，而是根据第二名的业绩来定格。因为这名销售冠军明显已经达到了销售特种兵的水准，那么企业不妨将其单独抽调出来，专门负责开发大客户。企业如果拥有许多类似的精英，那么可以单独成立一支特种兵团队，再专门开发一套针对特种兵团队的五星评定系统。

原则五：结合年度销售目标及人员规划

四星级目标值确定了，剩下四个星级的目标值应该如何确定呢？这就引出了第五条原则——结合年度销售目标及人员规划。

今天许多企业的战略目标都是高高在上的，无法真正落实到员工的日常工作中。如何将员工的个人目标与公司目标打通呢？通过五星评定将公司年度销售目标分解到各个星级。这样一来，销售人员在追求星级荣誉的同时，完成了公司的年度销售目标。

在第四章，我指出了企业要设定三大目标：挑战目标、合理目标和保底目标。那么这三大目标如何科学地分解到员工头上呢？企业要让三大目标与各个星级建立对应关系：挑战目标对应五星级，合理目标或保底目标对应一星级。具体赋值方法如下。

假设企业每季度开展一次五星评定，那么五星级销售人员的总业绩目标值的计算公式为：

五星级销售人员的总业绩目标值＝年度挑战目标÷销售团队转正员工人数÷4

同理，一星级销售人员的总业绩目标值也要与年度合理目标或保底目标挂钩，但这要根据具体情形分为两个阶段：一是五星评定的试运行阶段，二是五星评定的正式运行阶段。

在试运行阶段，为了鼓励大家积极参与五星评定，企业可以降低一星级销售人员的总业绩目标值，员工只要完成保底目标，就达到了一星级销售人员的标准。所以，在五星评定的试运行阶段，一星级销售人员的总业绩目标值与保底目标挂钩，其计算公式为：

一星级销售人员的总业绩目标值＝年度保底目标÷销售团队转正员工人数÷4

经过几次试运行，企业就可以正式开展五星评定了。这个时候，企业需要修正计算公式，将保底目标替换成合理目标，计算公式如下：

一星级销售人员的总业绩目标值＝年度合理目标÷销售团队转正员工人数÷4

当然，企业如果每半年做一次五星评定，那么需要将"÷4"改成"÷2"。以此类推，新增业绩目标值的设计遵循同样的逻辑，此处不再赘述。

至此，四星级、五星级和一星级销售人员的业绩目标值都已经锁定。接下来，请大家仔细回忆前文的第一条原则——星级越高，指标越高。根据这条原则，企业就可以轻松确定二星级和三星级销售人员的业绩目标值。

以上就是五星评定中业绩指标设计的五条原则。在设计业绩指标的过程中，企业不能简单照抄其他企业的做法，而是要根据自己的实际情况灵活调整。

举个例子，你如果经营的是一家全国性的公司，就不能对所有区域公司采用同一套业绩评价标准。因为中国地域辽阔，各地市场参差不齐，有的市场容量很大，有的市场容量很小。如果总部对所有区域公司采用同一套业绩评价标准来进行五星评定，那么拉萨分公司最好的销售人员的业绩可能还比不上上海分公司一星级销售人员的，这会导致没有人愿意开发公司的战略市场。

如何解决各地市场不均衡的问题？很简单，企业可以设计几套业绩评价标准，进行分区域评定。什么叫分区域评定？举个例子，企业可以根据不同城市的发展水平，对其进行分类：北京、上海、广州、深圳四个超一线城市采用业绩评价标准A，杭州、苏州、南京、合肥等新一线城市采用业绩评价标准B，西部省会城市采用业绩评价标准C，三、四线城市采用业绩评价标准D……以此类推，将全国市场分为若干个等级，并为每个等级设计一套业绩评价标准。

同理，业绩评价标准可以根据企业的战略需求适当调整。

譬如，为了应对激烈的市场竞争，企业重点研发了一款新产品。但是，销售人员通常有惯性，他们习惯于向客户推荐老产品，不愿意大费周章地推广新产品，这很可能导致企业的战略落空。如何轻松解决这个问题？企业只需要调整新增业绩的定义，将新产品的业绩作为新增业绩的考核指标，引导销售团队将精力和资源集中到新产品上，用最大的火力打开新产品的市场。

还是那句话：考核指标就是员工行为的指挥棒，它能快速实现团队上下协同，把所有资源引到企业想要去的战场上。

过程得分的计算方法

业绩指标赋值完成后，接下来企业如何设计过程得分呢？这可以拆解为两个步骤。

步骤一：选择一个销售动作并将其纳入过程考核

我在第七章强调过，过程管理中的关键销售动作最好不要超过三个。假设一家企业为新员工设计了三个销售动作：电话营销、陌生拜访和微信营销，那是不是所有动作都要纳入五星评定的过程考核呢？不是！此时企业必须"取一舍九"，选择其中一个最重要的动作，将其纳入过程考核。比如，企业发现陌生拜访带来的成交率最高，那就将陌生拜访作为新员工五星评定的过程考核动作。

为什么不能将所有动作都纳入过程考核呢？因为我在实践中发现，有些企业动辄考核十几个动作，结果考核标准完全丧失了牵引作用。其实，考核动作太多，恰恰说明企业没有抓住最关键的"牛鼻子"，这最终会害了销售人员，因为他们不知道到底该做什么。这就好比战场上将军一声令下："冲啊！"战士们刚准备冲锋，抬头发现前面有一排山头，不知道该去哪个山头。这完美地诠释了《道德经》中"少则得，多则惑"的道理，"少"意味着精准、明确。与其贪多嚼不烂，不如让员工把所有精力聚焦在少数关键动作上，全力以赴完成任务。

因此，企业即便在作战地图中设计了三个关键动作，也只需要从中选择最关键的一个销售动作，并计算出销售人员在一个五星评定周期内，该销售动作未达标应被罚的金额。

举个例子，假设某企业每季度开展一次五星评定，它选择将陌生拜访作为新员工过程得分的考核动作，那么在开展五星评定之前，销售督导只需要统计出所有新员工在过去一个季度内，陌生拜访未达标的罚款金额。

步骤二：将罚款金额转化为分数

关键动作未达标的罚款金额统计出来后，如何将其转化为分数呢？

假设小李是某公司一名已转正的新员工，在过去一个季度中，小李的总业绩和新增业绩都达到了二星级标准。根据公司的规定，陌生拜访是五星评定中过程得分的考核动作，员工每缺少一次陌生拜访，罚款20元。销售督导统计的数据显示：小李在过去一个季度中一共缺少3次陌生拜访。

此前，该公司已经在作战地图中备注：每5元=1分。这意味着小李每缺少1次陌生拜访，就会被扣除4分，最终：

小李的过程得分=100－未达标次数 × 应扣分数

=100－3×4

=88（分）

按照该公司的过程得分标准，小李的过程得分达到了五星级标准。

这里需要提醒一下：在对关键动作扣分时，企业要把握好尺度。我发现有些企业的标准是每少1次关键动作扣0.1分，过于宽松的扣分标准会导致销售人员对过程考核基本无感；而有些企业的标准是每少1次关键动作扣10分，这又过于严苛。

那么每少1次关键动作应该扣几分呢？这是有规律可循的。一般来说，对于"早出晚归型"企业而言，每少1次关键动作最好扣2~3分，原则上不低于1分；对于"周出月归型"企业来说，每少1次关键动作最好扣4~5分，原则上不低于3分。

考核过程得分最大的好处是能彻底解决"老油条"的问题。许多企业对"老油条"深恶痛绝，却束手无策，只能听之任之。而一旦考核过程得分，即便这些"老油条"的业绩达到了五星级标准，但其过程得分没有达到一星级标准，他们最终也无法评上星级。而星级和工资、晋升是挂钩的。一旦没有评上星级，员工就无法拿到相应的工资，也无法得到晋升，这会从根本上触动和改变"老油条"的心态。

通关得分的计算方法

前文提到，通关有三种形式：大通关、中通关和小通关，而五星评定考察的是销售人员在大通关中取得的分数。这里再强调一次，不是每个销售人员都有资格参加大通关的，只有业绩和过程得分都达到了某个星级标准的销售人员，才有资格参加大通关。

假设某公司有50名已转正的销售人员，其中2023年第一季度的业绩和过程得分都达到星级标准的有20人，小李就是其中之一。经过一个季度的努力，小李的总业绩达到了三星级标准，新增业绩达到了四星级标准，过程得分达到了五星级标准。接下来，公司只需要考察小李的通关成绩，就可以为小李确定星级。

2023年4月5日上午9时，公司组织上述20人参加了线上通关考试。一个小时后，他们又参加了线下模拟通关。两场考试结束后，小李拿到了自己的通关成绩：线上通关成绩为90分，线下通关成绩为70分。这家公司规定：线上通关成绩的占比为40%，线下通关成绩的占比为60%。因此，小李的通关得分：

小李的通关得分 =90×40%+70×60%=36+42=78（分）

根据通关指标，小李的通关得分达到了三星级标准。此前已经得知：小李的总业绩是三星级，新增业绩是四星级，过程得分是五星级。最终，企业要遵循木桶原理，以短板来评定星级。也就是说，小李只能定档三星级。

为什么要根据木桶原理来评定星级呢？目的是告诉销售人员：

销售业绩往往是由其短板决定的。一名好的销售人员，不仅业绩要达标，销售过程也要保质保量，专业能力更要过硬，这样他才能保证未来业绩的可持续性和长期性。

怎么评

五星评定的目的是激发员工实现客户终身价值最大化的动力。动力可以分为两种：外在动力和内在动力。外在动力包括薪酬、权力、头衔、地位等；而内在动力则包括个人成长、完成目标的成就感、帮助他人成长等。

基于这个逻辑，企业可以将星级与薪酬、晋升、头衔等外在动力挂钩。与此同时，销售人员从一星级走向五星级，这本身就意味着他获得了个人成长，也获得了完成目标的成就感。

接下来，我将阐述星级是如何与薪酬、晋升等因素挂钩的。

以级定薪：向创造价值的人分配价值

企业要形成"价值创造—价值评价—价值分配"的闭环。因此，五星评定的目的不仅仅是对销售人员做绩效评价，更是为价值分配提供评价标准。当星级定下来以后，企业就可以根据星级确定销售人员的基本工资。

然而在现实中，大部分企业都没有在销售人员的基本工资上下功夫，它们大都采取"一刀切"，这会带来什么后果呢？

还是以前文中的小李为例，在开展五星评定之前，小李每个月的基本工资为4 000元，提成另算。假设小李在公司干了八年，从昔日的小李变成了今日的老李。

这天，公司招进来一个00后的小伙子，经理请老李帮忙带带这个小徒弟。中午吃饭时，徒弟问老李："师父，你现在每个月的基本工资是多少？"

老李也没瞒着，说了实话："4 000元。"

徒弟惊讶地说："啊？我也是4 000元。"

听到这里，老李心里会怎么想？他会埋怨公司："我来这里八年了，基本工资才4 000元。这小子刚来，就和我拿一样的工资！"

那这位小徒弟心里会高兴吗？也不会！当发现在这家公司干八年和干一天是一个工资时，他就知道这里根本没有上升空间。

这就是今天许多员工离职的心路历程，也是大多数销售服务型企业的现状：企业没有在工资上体现不同员工的价值。

如果企业换一个思路，按照五星评定的结果来确定工资，那么这会产生什么效果呢？

假设五星级销售人员的基本工资为每月12 000元，四星级销售人员的基本工资为每月10 500元，三星级销售人员的基本工资为每月9 200元，二星级销售人员的基本工资为每月8 000元，一星级销售人员的基本工资为每月7 000元。销售人员如果没有评上星级，就只能拿4 000元的零星级工资。由于老李评上了三星级，因此他下个季度每月的基本工资为9 200元。而老李的小徒弟还没有转正，无法参与五星评定，就只能拿4 000元的基本工资。如此一来，二人之间的薪资差距就拉开了。

差距拉开了，结果会有什么不同呢？

老李会很有成就感，因为公司看到了他在上一季度的价值贡献，并给予了他对应级别的基本工资。老李心里会想："既然公司没有亏待我，那我要好好干，争取下次拿到五星级！"

老李的徒弟也会觉得未来充满希望：虽然现在的工资还没有师父的高，但只要在这里好好干，他也能像师父一样评上星级，享受高星级工资。

你可能会担心：如果给所有评上星级的销售人员加薪，那么这会不会大幅增加企业的人力成本呢？这就要求企业在设计薪酬机制时认真核算，保证各星级的加薪成本小于业绩增长幅度。比如，工资支出上涨100万元，对应的业绩就要增加1 000万元。

根据我过去辅导企业的经验，真正增加企业成本的不是评上星级的员工，而是那些零星级员工。在辅导企业设计销售人员的薪酬方案时，我经常要求企业的财务负责人测算出各星级员工的投入产出比。测算结果显示：销售人员的星级越高，成本占比越低。所以，真正聪明的老板怕的不是拿高工资的员工，而是拿低工资的员工。因为前者虽然拿到了高工资，但其创造的业绩更高，而那些拿着低工资的员工貌似成本较低，但他们的业绩很低。过不了多久，他们还会因为赚不到钱而离开，这意味着公司在他们身上投入的成本全部打了水漂。

真正优秀的企业会在薪酬设计上贯彻"123原则"——1个人拿2个人的工资，创造3个人的业绩。反观今天的中小企业，大多落入了"321陷阱"——3个人拿2个人的工资，创造1个人的业绩。这是非常致命的。所以，企业在薪酬上要敢于投入，只有让高绩效匹配高收入，团队的生命力和战斗力才能达到最优。与其盲目压低人力成本，搞人海战术，不如提高人均效率和工资待遇，吸引真正的精兵强将，先做好质量，再做大数量。

那么，老李的工资应该如何兑现呢？

一季度的评定结果决定二季度的基本工资，二季度的评定结果决定三季度的基本工资……也就是说，老李的基本工资在每个季度都需要重新评定。如果老李持续精进，那么他下个季度有可能拿到五星级工资；反之，如果老李有所懈怠，那么他下个季度将面临降薪甚至"归零"（回到零星级工资）。这种能上能下的机制，可以解决员工懈怠的问题。老李最终能拿到什么级别的工资，由他自己决定的，而不是由老板决定。

各星级的薪酬标准如何科学设计呢？企业要遵循以下三条原则。

梯度原则

梯度原则是指企业在确定薪酬时要适当地拉开差距，使各星级的基本工资呈现一个梯度。星级越高，工资差额越大。比如，一星级到五星级之间的差额分别为1 000元、1 200元、1 300元、1 500元。

当然，分级设计工资是为了拉开差距，使创造价值的人得到高回报。但是，企业在拉开差距的同时要注意尺度，不能矫枉过正。曾经有老板问我："能不能根据星级确定提成比例，将提成也设计成阶梯状呢？"

我辅导过的一些企业确实尝试过这种做法，但事实证明，阶梯状提成会产生非常大的副作用：它容易将团队收入变成哑铃状。也就是说，销售人员的收入要么极高，要么极低，这容易造成两极分化。企业的本意是激励业绩好的人，提高基本工资已经达到这一目的了，企业没有必要给予他们更高的提成比例。相反，企业要考虑团队中大多数人的满意度。所以，一个健康的销售团队的收入应该呈椭圆状，即大部分人都能处于中间水平。只有大部分员工满意了，团队才会更稳定。

封顶原则

在设计基本工资时，我观察到一部分企业为了鼓励销售人员冲击四星级、五星级，将三、四、五星级的基本工资差距拉得很大，甚至相邻两个星级相差1万元。我坚决反对这么做，因为这违反了第二条原则——封顶原则。

所谓封顶原则，是指五星级销售人员的基本工资不得高于一星级销售经理的基本工资。以此类推，三星级销售经理的基本工资也不得高于一星级总监的基本工资……

经常有企业向我反馈：公司内部真正优秀的业务员都不愿意做管理者。一番调研下来，我发现这背后有两个关键原因：一是企业缺乏完善的营销管理系统，这导致管理者非常累，因为企业大多采用的是"人盯人"的方式，管理者不仅要做业务，还要承担繁重的管理任务；二是企业的薪酬设计不合理，比如一位销售高手自己做业务一年能拿50万元，而做管理者一年却只有20万元。这两个因素叠加起来，当然没有人愿意做管理者。长此以往，企业的销售人才会断档，永远只有几个老员工在干活，新人培养不起来，团队自然就发展不起来。

要想解决这个问题，企业不仅要完善自己的营销管理体系，还要在薪酬设计上下功夫。无论如何，企业都要确保销售管理者的基本工资高于五星级销售人员的。除了个别业绩极好的销售人员，企业要保证普通销售人员的整体薪酬低于销售管理者的。

内外结合原则

上述两个原则都是从内部视角来考虑薪酬设计的，其实外部同行也是一个重要的参考坐标。企业如果处于人才竞争比较激烈的行业，那么更要充分调研并参考同行的薪酬待遇。

除此以外，那些在全国甚至全球市场布局的企业，可能还存在一个问题：各区域市场的工资水平参差不齐，企业如何设计基本工资？一个有效的解决方案是，企业可以用不同城市的薪资水平乘以其城市系数。譬如，一线城市的工资水平高，可以在现有工资水平的基础上乘以1.2；西部省会城市的工资水平较低，可以在现有工资水平的基础上乘以0.8。

当然，如果企业现有的工资体系已经非常成熟，且企业不愿意再做调整，那该怎么办呢？企业可以进行津贴评定，以季度津贴的方式把奖励一次性发放给员工。只要不违反五星评定的初衷——让创造价值的人得到更多回报，企业就可以在现有基础上进行灵活调整。

以级定岗：让机制成为人才的筛子

星级不仅可以作为评定工资的标准，还可以作为晋升、降级和淘汰的依据。

经常有老板向我抱怨，企业内部没有人才。然而，当深入企业调研时，我发现这些企业并不缺少人才，真正缺少的是一套筛选人才的机制。99%的中小企业都没有一套公平、透明的晋升体系：销售人员不清楚自己达到什么标准就可以晋升，管理者也不清楚员工达不到哪些标准就要被降级甚至淘汰。

我调研过许多企业的晋升标准，发现相当一部分升职决策都是由老板做的。而老板做决策通常是凭感觉或拍脑袋：有的看资历晋升，有的看关系晋升，有的看业绩晋升……面对形形色色的晋升标准，员工会服气吗？当然不会。最终，公司激励了一个人，却打击了剩下所有人的积极性。

我在一线做管理时，有一个保持了十多年的习惯：当一名优秀员工离职一段时间后，我会私下再请他吃顿饭，目的是了解他离职的真实原因。十多年的调研显示，占比最高的真实离职原因是与上司不合。后来我发现，这与盖洛普公司的调查结果相似。盖洛普公司调查了数万名员工和数万名管理者，发现决定员工生产率和忠诚度的最重要因素不是薪水、福利或工作环境，而是员工和上级的关系。由此可见，把下属的命运交给上司是一个非常愚蠢的决策。因为权力一旦到了人的手上，就存在被滥用的可能性。即使并非故意滥用，它也受制于人的主观偏好。

因此我一直强调：企业不要让老板或管理者决定员工的升降和去留，而要让机制决定。企业只要设计好规则和制度，接下来员工的晋升、降级和淘汰就会自动按照设计好的规则和制度执行，老板也无法干预。老板和管理者的任务只有一个：成为优秀机制的设计师，让真正为客户创造价值的人得到更多的回报，让少创造价值的人得到更少的回报，让不创造价值的人离开这个平台。

什么样的晋升标准才能让所有人心悦诚服呢？我们先要理解晋升的本质。

晋升的本质是对企业内部的发展机会进行分配。与薪酬一样，发展机会的分配也要基于价值贡献。谁的价值贡献大，企业就要把晋升机会分配给谁。而五星评定就是一把衡量员工价值贡献的尺子。员工的星级越高，他为企业贡献的价值就越大。相应地，职位和权力的分配就要向他倾斜。

因此，五星评定从根本上避开了上文的陷阱：一切资源不再由老板和管理者分配，而是靠员工自己赚取。老板和管理者只负责搭台，并和员工约定好分配规则。大家各凭本事向市场发起冲锋，最后按照事先定好的规则来兑现回报。这样问题就简单了：企业只需要制定一套规则，将晋升与星级挂钩。

如何将星级与晋升挂钩呢？企业要从专业人才和管理人才两个维度思考：一条是专业线晋升通道，走的是销售专家路线；另一条是管理线晋升通道，走的是销售管理者路线。

专业线晋升通道设计

大部分中小企业在晋升机制上犯的最大错误是，销售人员只有"升官"这条通道，没有销售专家这条路线。这种错误的认知会导致销售高手流失。

我就犯过这个错误，将不少销售高手提拔为管理者，结果他们的表现令我大跌眼镜。为什么这些销售高手的业务能力拔尖儿，做管理却一塌糊涂呢？

这是因为销售高手与销售管理者的能力模型不一样：销售高手只用管好自己，做出业绩；而销售管理者的业绩是由下属决定的，他的工作重心不是自己做业务，而是辅导下属做业务。销售管理者不仅要有帮助下属成功的利他之心，还要懂得如何做一名好教练——把销售能力复制给团队成员。

如果企业不懂这个道理，将销售高手强行推上管理岗位，悲剧就开始了，他会把十个人的团队带得七零八落。此时企业骑虎难下：如果继续让他带团队，那么这会害了整个团队；如果让他离开管理岗位，回去做普通销售人员，那么他必然会感到沮丧，甚至考虑辞职。所以，针对这类不适合做管理者的销售高手，企业不要瞎折腾。与其白白浪费一名销售高手，不如专门为这类人开辟一条专业线晋升通道，让他们安心做业务。

我是如何想到开辟一条专业线晋升通道的呢？

前文我分享过将销售团队一分为二的经历：一支是面向普通客户的基础销售团队；另一支是专门负责开发大客户的项目销售团队。随着基础销售人员专业能力的提升，一部分优秀的基础销售人员也想开发大客户。这促使我开始思考一个问题：能不能设计一套从基础销售晋升为项目销售的机制，趁机打通专业线晋升通道呢？

无独有偶，随着分层制度在我所负责的华东大区发挥巨大作用，公司总部增设了一个新的层级——总部项目团队（相当于战略特种兵），专门开发在全国甚至全球范围内招投标的超级大客户。这些大客户通常会在全国甚至全球范围内统一采购，因此这需要战略特种兵带领各分公司的项目销售团队共同开发。

至此，企业的销售团队就被分成了三个层级：

- 第一层是分公司基础销售团队。
- 第二层是分公司项目销售团队。

- 第三层是总部项目销售团队。

专业线晋升通道的三级阶梯已然浮出水面：分公司基础销售（业务员）→分公司项目销售（区域特种兵）→总部项目销售（战略特种兵）。企业接下来的任务就是根据五星评定制定专业线的晋升标准。

一般来说，业务员的人数较多，可以评五个星级；区域特种兵和战略特种兵的人数较少，可以评三个星级。当然，在每个层级，企业都要单独设计一套评定标准。如图8-1所示，企业的专业线晋升通道就形成了。

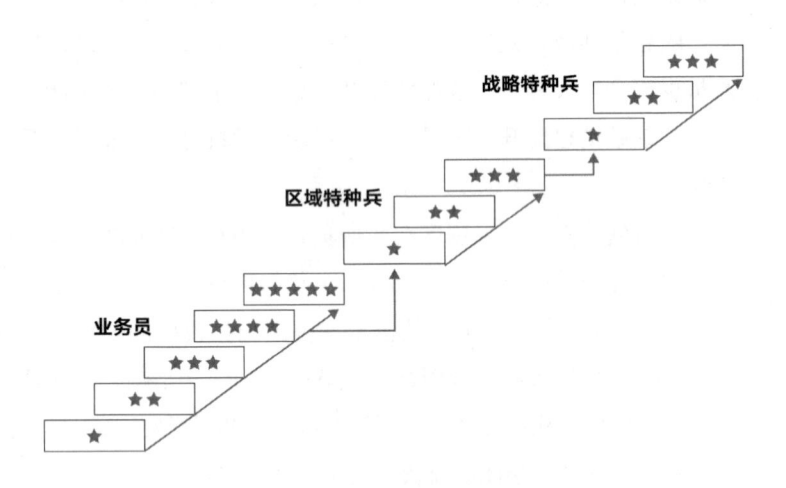

图8-1 专业线晋升通道

- **从业务员到区域特种兵的晋升路线**：业务员连续两次被评为

四星级或五星级,就可以挑战一星级区域特种兵,一星级区域特种兵可以享受经理级别的待遇。
- **从区域特种兵到战略特种兵的晋升路线:** 区域特种兵连续两次被评为三星级,就可以挑战一星级战略特种兵,一星级战略特种兵可以享受总监级别的待遇。

一旦企业打通了专业线晋升通道,有些销售高手即便不想做管理者,也可以在销售这条路上越走越远,将专业能力发挥到极致。他们只要努力为客户创造价值,就能收获与价值贡献相匹配的薪资待遇和荣誉。

管理线晋升通道设计

管理线的晋升标准和专业线的有什么不同呢?在回答这个问题之前,企业首先要想清楚哪些人适合做管理者。

以我的经验来看,一个优秀的管理者必须满足"8+1"画像。

画像一:高度认同公司价值观,与老板同频

管理者是一个承上启下的角色,他的使命和责任就是践行和传承公司的文化和价值观。如果管理者不认同公司的价值观,那么他最终带歪的不是一个人,而是一群人。

画像二:有奉献精神和保姆意识

管理者的首要任务不是自己做业务,而是带领团队做业务。最后,他根据团队的任务完成情况获得绩效。这决定了管理者必须有奉献精神和保姆意识。他的思维方式要从"我"转为"我们",同时工作方式也要转变:不能把所有时间都用于自己做业务,而是要带领团队做业务,要学会知人善用、培养员工、激励员工、辅导员工等。

画像三：专业能力过硬

针对从基层提拔上来的销售管理者，企业虽然不必要求他是销售冠军，但还是要设置一定的专业门槛，比如至少连续两次被评为三星级销售员，否则他在专业度上无法服众。

画像四：执行力强

行胜于言，一个行动胜过千言万语。因此，优秀的管理者必然是行动派，不会夸夸其谈，而是具备少说多做、脚踏实地的特质。这样的管理者才能培养出一批执行力强、责任心强的员工。

画像五：有文案功底及活动策划能力

一名优秀的管理者还要懂得策划销售活动、设计销售活动方案、制定各项销售制度……这要求管理者具备一定的文案功底和活动策划能力。

画像六：沟通能力强

从某种意义上看，管理学就是一门沟通学。高层管理者至少有70%~80%的时间用于沟通，中层管理者用于沟通的时间占比达50%~60%，基层管理者用于沟通的时间占比达30%~40%。因此，沟通能力也是管理者必备的能力。

画像七：激励高手

管理者就是团队的啦啦队长，尤其是当企业面对困难时，管理者要懂得如何激励队伍。军事思想家克劳塞维茨在《战争论》中说："什么叫领袖？在茫茫黑暗中，把自己的心拿出来燃烧，发出生命的微光，带领队伍走向胜利。"

画像八：优秀的培训师

优秀的管理者必然是优秀的培训师，他必须将自己的方法论复制给团队成员，提高他们的能力。

除了以上八大基本功，管理者还要具备一个核心能力，那就是找到优秀士兵的能力。如果没有优秀的士兵，那么前面所有画像都发挥不了作用。

这就是销售管理者要满足的"8+1"画像，从中你会发现：从销售高手到销售管理者，员工面对的是思维方式和工作方式转型的巨大挑战。那么，如何判断员工是否有能力应对这个挑战呢？

企业可以观察一个指标："老带新转正"。"老带新"就是管理和辅导他人的过程。如果员工能成功地将一名新手培养成合格的销售人员，那么这至少说明他具备了做管理者的潜质。

如此一来，管理线的晋升通道就清晰了。业务员连续两次同时满足以下两个条件就可以挑战一星级销售经理：一是"老带新转正"达标；二是业绩在三星级以上（含三星级）。以此类推，员工连续两次被评为三星级销售经理，就可以挑战一星级销售总监；连续两次被评为三星级销售总监，就可以挑战一星级营销副总裁。如图8-2所示，从一星级业务员到三星级营销副总裁，管理线的晋升通道就打通了。

这里需要解释一下：挑战一星级销售经理并不等于撤换现有的销售经理，而是指这名销售人员成了储备销售经理。一旦公司组建新团队或出现职位空缺，储备管理者可以立即走马上任。从这个角度看，管理线的晋升通道打通后，销售团队的人才梯队就

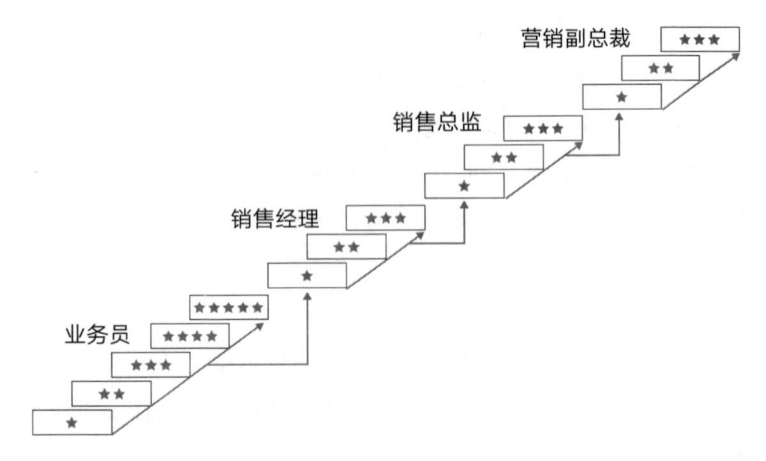

图8-2　管理线晋升通道

顺势搭建起来了。

我经常听到许多企业家和高管抱怨企业内部没有人才，然而实践证明：一旦这些企业打通了销售人员的晋升通道，人才就会如泉水般源源不断地冒出来。以我辅导的企业为例，其中有四五家企业的营销副总裁是通过五星评定选拔出来的。时至今日，我经常收到不少高管的"感谢信"，因为五星评定让他们的才华得以被看见，让他们凭借"军功"步步高升。由此可见，过去很多一线销售人员默默无闻，大多是因为企业没有一套能让员工"冒头"的机制。

事实上，企业只有打通了晋升通道，才能让每个人都看到晋升的机会和空间，才能激发每个人向上的欲望，而这种欲望恰恰是推动一家企业发展的原动力。一位董事长向我反馈："原来我们企业的员工晋升其实是凭感觉的，有时候只看业绩、资历，但在导入五星评定后，人人都有机会。员工一旦连续两次被评为三星级业务员，就有机会晋升主管、顾问、店长；连续两次被评为三星级店长，就有机会晋升经理、总监、总经理……所有人都按照实际表现获得晋升，不论资排辈，不看关系，这真正解决了管理上的根本问题。"

其实，这套五星评定系统受益于历史的启发。为什么秦国能从一个最弱的国家演变成中国历史上第一个大一统国家？在秦国的发展史中，我找到了世界最早的星级评定雏形——军功爵位制。

为了推行军功爵位制，商鞅变法中还有一个重要的指导思想：重农抑商。这个政策是为了堵死民众的其他上升通道。当其他国家的民众可以通过经商来提高自己的地位和生活水平时，秦国的百姓只有一条路：获得军功。正如古代先贤管子在《管子·国蓄》中所言："利出于一孔者，其国无敌；出二孔者，其兵不诎；出三孔者，不可以举兵；出四孔者，其国必亡。"无论是经营国家还是经营企业，都要保证所有人聚焦在一件事上，保证利益全部来自一个地方。利出一孔，方能力出一孔。

军功爵位制中的晋升通道是：小夫—公士—上造—簪袅—不更—大夫—官大夫—公大夫—公乘—五大夫—左庶长—右庶长—左更—中更—右更—少上造—大上造—驷车庶长—大庶长—关内侯—彻侯。每个爵位都对应着不同的俸禄、土地和仆人。这个晋升通道一旦对所有民众开放，就会激发所有民众向上的欲望。因为每个人都清楚：能升到什么爵位，全凭自己的努力和实力。试想一下，当一个国家的所有民众都只想着通过杀敌来换取爵位时，这个国家的战斗力自然无人能敌。

从这段历史中，我悟到一个道理：管理的最高境界就是不需要管理。不需要管理不代表放任员工的行为，而是用一套科学的机制来激发员工的自驱力。人类社会最可怕的一个词叫阶层固化，阶层固化意味着上升通道关闭了。当底层民众看不到一步一步上升的通道时，奋斗也会随之停止。反之，当一个组织向所有人开放晋升通道，让每个人都看到向上晋升的路线，看到逆袭的可能性时，这就会激发人的自驱力。所以，真正高明的管理者不会为员工安排岗位，而是设计好晋升阶梯，激活员工向上的欲望，并告诉他如何往上升。

降级与淘汰：把不创造价值的人筛出去

薪酬和晋升机制解决的是激励问题，而降级和淘汰则要解决约束问题。企业要通过降级和淘汰机制，把不合格的人筛出去。

为什么需要约束呢？因为人性是变化的。有的人之所以很努力，是因为他有饥饿感，有奋斗的动力。随着欲望逐渐被满足，他开始懈怠了。我每年都会访谈数以百计的企业，发现大部分企业的组织非常僵化，甚至还会出现组织板结的现象，管理者只升不降，比如分公司总经理在这个岗位上一干就是十年。时间一长，管理者变成了"老油条"，更要命的是，这些"老油条"会堵住优秀人才的晋升通道，从而造成"劣币驱逐良币"。

要想解决这个问题，企业必须让人才流动起来，升职不能成为一劳永逸的事情。不管团队带得好不好，管理者只升不降，这种做法从根本上违背了按照价值贡献来分配利益的原则。因此，企业可以每三个月（最多不超过半年）就重新评定管理者的职级：如果连续两次评不上星级，管理者就会被降一级，任何人都不例外。

这种降级逻辑不仅适用于管理者，还可以延伸到对分公司甚至代理商的管理上。比如，我辅导的一家企业在全国有数百家分公司，这些分公司按照不同的标准分为5个星级。此前，广州分公司是五星级，但最近连续两次都没有达到五星级标准，那么下个季度广州分公司就会降为四星级，按照四星级分公司的标准来配置资源。

这个机制最大的好处是可以让"职位"和"荣誉"流动起来。《吕氏春秋》有云："流水不腐，户枢不蠹。"组织也遵循同样的道理：当一个人的职位与其实际价值贡献不匹配的时候，他的职位和荣誉也要随之调整。只有这样，组织才能防止那些没有价值贡献的人搭便车。

同理，销售人员的淘汰机制也要与五星评定挂钩：如果员工连续两次评不上星级，那么企业可以选择末位淘汰。至于具体淘汰几位，不能一概而论，而是要根据企业的实际情况调整。如果销售团队比较臃肿，人才密度高，那么淘汰比例可以设置得高一些；如果销售团队的规模较小，人才本身就匮乏，那么企业可以适当降低淘汰比例。

综上，你会发现五星评定串联了一系列管理机制。首先，五星评定解决了价值评价问题。它不是从单一的业绩维度进行评价的，而是综合考量了业绩指标、过程得分和通关得分，这就将前文的目标分解、作战地图和通关全部串联起来了。其次，企业可以将星级评定结果与工资、晋升、降级和淘汰机制挂钩，从而大大降低管理的复杂度。

经常有一线销售管理者向我抱怨：自己80%以上的精力都用

于应付其他部门的管理。为什么会出现这种现象？症结就在于企业的各项制度庞杂，标准不统一。当每个部门、每个岗位都有一套自己的评价标准时，必然会出现下面的场景：A来找你谈薪酬，B来找你谈晋升，C来找你谈淘汰……再加上每个环节都需要填写表单、申请流程，一线销售管理者天天文山会海，疲于应付各种流程和表单，而不是把时间花在客户身上。

大道至简，如果企业可以用一套五星评定系统打包上面所有机制，其管理工作就轻松多了。20多年来，我发现一条规律：任何制度的内容只要超过一页A4纸，那它一定没有找到本质规律。

评定时间：缩短激励周期

企业需要多久做一次五星评定？每次评定应该安排在什么时候？

一般来说，我建议企业每半年或每三个月做一次五星评定。那么企业如何选择呢？"早出晚归型"企业可以每季度评一次，"周出月归型"企业可以每半年评一次。

每季度评一次的企业可以将评定时间安排在每年的1月、4月、7月和10月上旬；每半年评一次的企业则可以将评定时间安排在每年的1月和7月上旬。

为什么建议企业每半年或每季度做一次五星评定，而不是一年做一次呢？目的是缩短激励周期。事实上，即便没有五星评定，大多数企业每年都会在年底做一次绩效考核，绩效考核的结果是升职加薪和发放年终奖的依据。但我始终认为：对于销售团队而言，到了年底再算总账，时间周期太长，企业很难调动团队的积极性。因此，企业要学会利用五星评定这个工具，缩短考核周期，从年底算总账改为每半年或每季度考核一次，从而更有效地激励销售人员实现客户终身价值最大化。

评价流程：保证程序公平

为了保证整个流程公开、公平、公正，五星评定要包含以下七个步骤。

- **第一步：统计**。由销售人员自行统计评定周期内的总业绩和新增业绩。
- **第二步：申请**。销售人员自行提出评定申请。曾经有人问我："如果销售人员不提申请，那么这怎么办？"这种情况基本上不太可能出现，因为五星评定与销售人员的薪酬、晋升等挂钩。销售人员如果不提出申请，就等于放弃升职加薪的机会。
- **第三步：审核**。在收到销售人员的申请后，总部派销售督导审核销售人员提交的总业绩及新增业绩数据是否属实，同时核对该销售人员的过程指标达到了几星级，保证所有数据及时、准确、完整。
- **第四步：通关**。销售督导审核无误后，总部统一组织所有业绩指标和过程指标同时达到星级标准的正式员工参与大通关。
- **第五步：评定**。大通关成绩出来后，企业就可以正式进行五星评定了。整个五星评定按照木桶原理考察业绩指标、过程指标和通关指标，以最低指标定星级。

- **第六步：通报**。五星评定完成后，企业要向全体员工通报内部排名。
- **第七步：备案**。销售督导将评定结果交给人力资源部，后者存档备案，并以此来确定销售人员的基本工资及晋升等事宜。

价值网络的延伸：让五星级客户享受五星级待遇

　　上文所说的五星评定是以内部基层销售岗位为例的。然而，今天越来越多的企业不再将眼光局限于内部管理，而是从价值网络的角度来审视商业。它们不仅关心内部员工，还将供应商、代理商、经销商、终端客户等生态伙伴全部纳入自己的管理体系。那么，对于这些外部合作伙伴，企业能不能以五星评定为抓手来管理呢？答案是肯定的。今天大部分企业都把80%的时间用于内部管理，但事实上，企业应该把80%的时间用于外部管理，比如对终端客户、代理商、经销商进行管理。

　　接下来，我为大家分享一个真实案例，看看这家企业是如何利用五星评定来管理和激励代理商，并成功升级为行业第一品牌的。

实战案例：如何在两年内成为细分领域第一品牌

　　2023年初，我受邀参加了一场线上大客户沙龙活动。一位企业创始人向我请教了一个问题，他说："陈老师，我们公司在线下有1 000多家代理商，但问题是这些代理商除了卖我们品牌的纸尿裤，还销售其他品牌的产品，比如婴儿纸尿裤、生活用纸等。

第八章 围绕客户终身价值设计激励机制：让五星级员工和客户享受五星级待遇

一位代理商一年能达到几千万元的业绩，但我们的产品只占了几百万元甚至几十万元。这个问题怎么解决？"

这位创始人提出的问题，瞬间让我联想到了两年前辅导过的一家上市公司。这家上市公司的情况和上面这家企业非常相似：该公司的主营产品也是一个大赛道里的小众产品。彼时，这家上市公司已经发展了1 000多家代理商，由于生产的是一款大赛道里的小众产品，因此其代理商的规模都非常小，通常只是顺带销售该公司的产品，其中不少代理商是夫妻店。

时至今日，这家上市公司发生了巨大的变化：两年内，其代理商大换血，新的代理商不仅实力远强于过去的代理商，并且有一部分代理商开始专营这个品牌的产品。

你可能很好奇：这家上市公司到底做了哪些动作呢？我们来复盘一下这个案例，看看能否回答上面这位创始人的问题。

第一，升级销售文化，重塑销售人员的价值观

一个企业要追求短期成果还是长期利益？这是一个价值观的问题。如果价值观错了，那么后续所有动作都是徒劳。今天的企业普遍存在的问题是销售文化过于偏内，企业没有站在客户角度塑造销售文化。

什么是站在客户角度呢？商业的底层逻辑是先义后利，企业要先从客户的利益出发，让客户实现自我价值，成就客户，然后客户才会回报给企业利润，最终企业才可能实现客户终身价值最大化。也就是说，任何一家企业要想活得好、活得久，就必须帮助客户成为更好的自己，这是利他文化的本质。

因此，我经常告诉销售团队：你们每个人存在的目的，不是卖东西，而是帮助客户实现自我价值。企业只有将利他文化融入骨髓，接下来做的事情才有意义。

对代理商类型的企业而言，代理商就是它的第一层客户。然而今天大多数中小企业对代理商的态度可以总结为四个字：只生不养。销售团队通常只关注前端的代理商开发，而不重视后端的代理商帮扶，从而导致大多数代理商根本做不大。为了保住业绩，销售团队只能不断加大开发新代理商的力度。如此循环往复，企业终将陷入"做一批死一批，死一批再做一批"的恶性循环，等到把所有市场都收割一遍后，企业就无路可走了。

要想摆脱这个恶性循环，企业首先要升级销售人员的价值观和行为方式，让每个销售人员都从零和思维转向正和思维，正确定位企业与代理商的关系：代理商不是企业的收割对象，而是决定企业生死存亡的外部销售团队。而内部销售团队的使命就是为外部销售团队创造价值，也就是扶持代理商做大。只有代理商做大了，企业才会做大。

一位优秀的企业家和我分享他的理念：企业和代理商、经销商之间最好的合作方式是握手，而不是掰手腕，因为掰手腕一定会越掰越生分。

第二，重新确定销售团队的工作重心，从源头升级人才画像

由于追求短期业绩，过去这家上市公司销售团队的核心工作是开发代理商。为了开发更多的代理商，该公司几乎没有设定门槛，于是许多不合格的代理商混入了队伍。但是，以终为始来思考，要想帮助代理商做大，企业首先要"选种"——选出那些有可能做大的代理商。选好种子后再进行培育，代理商才有可能越做越大。

因此,销售团队的工作重心要改变:不仅要学会选择对的代理商,最关键的是要长期驻扎在代理商那里,培训代理商,教代理商如何开发终端客户,如何管理二级网点,如何通关……总而言之,企业要全力以赴,帮助代理商提升经营能力,甚至将"黄埔军校"直接建在终端门店,帮助终端门店取得更好的业绩。

这样一来,销售团队的人才画像也从源头上发生了改变:企业过去对销售人员的要求是开发代理商的能力要强,现在对销售人员的要求从开发代理商升级到了管理代理商,要有能力成为代理商的渠道管家和教练,帮助代理商做大、做强。

第三,加强对内部销售人员的通关考核

如何让内部销售人员具备扶持代理商的能力呢?这家上市公司在通关考核上有两个关键动作。一是考核如何选择代理商。代理商的选择一定要有标准、有门槛,既要看意愿度,也要看经营能力。一般来说,企业在某个区域的代理商不是越多越好,而是要重点扶持一两家。二是考核如何扶持代理商。这具体包括告诉代理商如何开发客户,如何做网点管理,如何经营自己的客户……这一系列动作下来,销售团队与代理商的黏性会越来越大。

第四,调整销售作战地图中的关键动作

今天大部分企业都是为了管理而管理,其实,内部管理也应该从为客户创造价值出发。如果你的企业是以代理商为主要销售渠道的,那么所有管理动作都要围绕如何为代理商创造价值展开,比如企业要招聘什么样的人才能为代理商创造价值,内部销售团队要做哪些动作才能让代理商做大、做好?可惜很多企业的内部管理都本末倒置了，它们没有思考其内部管理动作能不能真正为客户创造价值，只是为了招人而招人，为了培训而培训，为了管理而管理。

因此，在服务代理商时，企业的销售作战地图也要从客户全生命周期的视角来规划，不能只聚焦前端开发，而是要全盘考虑：前、中、后期分别要做哪些动作，这些动作都要纳入销售团队的作战地图。

上面几个动作做到位后，这家上市公司就开始尝试对代理商进行五星评定，给高星级的代理商提供更好的扶持，同时淘汰一些评不上星级的代理商。

这一套组合拳打下来，该公司取得了卓越的成果：两年前，这家上市公司的市场主要分为三大区域；今天它的市场越做越大，三大区域拆分为六大区域，300多名销售人员共同服务了1 000多家代理商。虽然代理商的数量没有大幅增加，但其质量却已经发生了翻天覆地的变化：过去这家上市公司的代理商只能覆盖到市、县，今天已经深入乡、镇。依靠这1 000多家代理商，该公司在终端市场铺设了10万多家门店。

此外，这家上市公司还在总部成立了大客户部，由特种兵团队专门负责开发那些代理商没有能力开发的团购客户，比如加油站、航空公司等超级大客户。两年间，这家上市公司从1个工厂发展到了6个工厂，并成为这个细分赛道的国内第一品牌。

这个案例应该可以给所有经销商、代理商、加盟商类型的企业带来启发。本质上，这类企业有两支销售团队：一支是内部销售团队，其任务是开发和管理代理商、经销商、加盟商；另一支团队是代理商、经销商、加盟商，企业要帮助它们发展起来，让它们的千军万马都变成自己的销售大军。所以，企业要把它们看作同甘共苦的伙伴，只有它们做好了，企业才能做好。就像案例中的这家上市公司，为了帮助代理商做大，其工作重心从开发转向了管理：帮助代理商提升能力，通过五星评定筛选优质代理商，并向它们倾斜资源，以此调动优秀代理商的积极性。

如何对代理商进行五星评定

代理商的五星评定逻辑与基层销售人员的五星评定逻辑是相通的，只是在指标设计上略有差异。

在业绩指标上，企业可以重点考核两个指标：一是代理商的回款总金额；二是代理商的重点产品回款金额。过程指标也可以分为两个：一是不允许代理商串货，串货一次扣5分；二是考核终端客户的投诉数量，客户每投诉一次扣5分。根据业绩得分和过程得分，企业就可以评定出五星级代理商、四星级代理商、三星级代理商……

接下来，企业再将代理商的星级与激励、淘汰机制挂钩。

代理商的星级越高，可以享受的优惠政策和帮扶政策就越多。比如，五星级代理商可以享受最高级别的折扣和返点、最长时间的账期、更多的促销政策以及更多的销售培训和技术培训……

曾经有一位企业家问我："陈老师，我的品牌已经做了30年。现在的问题是有些代理商做久了之后，开始同时代理别的品牌。有什么办法可以解决这个问题吗？"这个问题非常值得深思。

为什么企业的代理商会代理别的品牌呢？这个行为至少暴露

了两个问题：一是企业没有给予代理商更大的动力和发展空间。如果代理商规模越大，企业给予的政策就越好，帮扶就越多，那么它还会去代理别的品牌吗？只有让代理商看到自己的付出和回报是成正比的，它才有动力走向更高星级。二是企业对代理商没有约束机制。如果不认真经营就面临降级甚至淘汰，那么代理商还会三心二意吗？

为终端客户创造价值的代理商应该得到奖励；相反，没有创造价值的代理商则应该被淘汰。因此，代理商的五星评定还要与退出机制挂钩，比如，代理商如果连续两次评不上星级，就面临自然淘汰。这从机制上解决了代理商退出的问题，企业可以将那些意愿和能力不足的代理商清出队伍。

经常有老板向我抱怨："有些代理商跟了我二三十年，早就成了'老油条'。它的业绩做不起来，我出于人情也不好终止合作，怎么办？"

一旦企业将代理商纳入五星评定系统，这个问题就可以迎刃而解。因为决定代理商去留的是机制，是其自身能力，而不是某个人。如此一来，企业可以将节省下来的资源倾斜到优质代理商身上，激励它们越做越大，越做越好，最终形成一个良性的生态共生体。

代理商和员工一样，都需要动力和能力。代理商需要动力，企业就用五星评定激活它的动力；代理商需要能力，企业就通过帮扶政策帮助它提升能力。过去企业想的是如何让员工做冠军，但现在企业更需要思考的是如何让代理商成为冠军。这两件事情做好了，那么无论未来是有1 000个代理商还是1万个代理商，企业都可以靠这套逻辑来管理。

因此，五星评定是一个具有通用性的激励工具：对内可以激励员工持续为客户创造价值，对外可以激励代理商、经销商、零售商等合作伙伴为终端客户持续创造价值。这个系统内的所有人，只要为客户创造了价值，就会得到奖励。同时，五星评定也是一个约束工具：员工或代理商一旦停止为客户创造价值，系统就会做出惩罚，要么降薪降职，要么被清出这支队伍。

第九章
围绕客户终身价值做绑定管理：
从个人的客户到公司的客户

守城比攻城更重要

今天80%以上的企业都把精力放在客户开发上，这是一种典型的业绩导向，以业绩目标的完成为终点。但是，从客户终身价值的角度看，成交只是创造客户终身价值的起点。企业要想真正为客户创造终身价值，锁定客户一辈子，那么不仅要会攻城，更要会守城。

中小企业在守城上犯了哪些错误呢？我们不妨来盘点一下。

只攻不守

在服务企业的过程中，我观察到大多数企业只有攻城部队，没有守城部队。如果一家企业只攻不守，那么这会带来什么后果？所有客户就像掉进了一个漏斗，上面进下面出。虽然销售员一直在冲锋打仗，但企业最后却什么也攒不下来。

就像历史上的蒙古帝国，虽然成吉思汗及其子孙凭借优秀的攻城能力打下了辽阔的疆域，但由于没有完善的守城部队和守城体系，最后攻下的疆域也守不住。

销售部攻守合一

不少企业意识到只攻不守会给企业带来很大的成本，因此，它们告诫员工："作为一名销售员，你既要攻下客户，也要维系好客户。"这种错误的观念是很多企业做不大的一个关键原因。

为什么呢？因为销售部攻守合一会给企业带来诸多弊端。

弊端一：销售员坐吃山空、坐享提成

任何人的时间和精力都是有限的。如果销售员把大量时间花在后端的客户维护上，比如下单、查询、投诉、理赔等各种细碎的事情，那么他用在开发客户上的时间就少了。再加上许多企业为了留住员工，制定了错误的销售提成模式——一旦客户被开发下来，员工就可以享受该客户一辈子的提成。长此以往，销售员就会变成客服人员。当长期不在一线开发客户时，他的狼性就会逐渐消失，最后销售员就会坐吃山空、坐享提成。

弊端二：公司的客户变成个人的客户

当既攻城又守城时，销售员很容易形成自大的心理，他会觉得这是他个人的客户，而不是公司的客户。同样，这也会给客户带来一种错觉："一直是这个销售员为我提供服务的，而不是他背后的公司。"等到时机成熟，销售员就会把客户带走。这就是为什么许多行业的市场容量很大，却没什么大公司，行业格局呈现小、

散、乱的局面。

许多老板也因此受到伤害，一朝被蛇咬，十年怕井绳。从此以后，老板把所有重要客户都牢牢控制在自己手里，但他自己照顾不过来，还累得要命，团队也组建不起来。

这种情况其实可以从历史中找到原型。这就好比唐朝后期的武将，既攻城又守城，国家极其容易出现藩镇割据。

中国封建社会的高光时刻出现在唐玄宗时期。唐玄宗使中国封建王朝达到了最高峰，也开启了中国封建王朝的下坡路。为什么会这样？有一个人起到了关键作用，他就是当时的宰相李林甫，这是一个口蜜腹剑之人。

彼时的唐王朝有一项规定：所有要担任宰相的人，都必须到边疆历练一番。李林甫为了独享宰相的位置，向唐玄宗提议：直接由胡人治藩。因为这些朝中大臣只要不再去边疆历练，就不可能和他竞争宰相之位。而此时的唐玄宗正沉浸于与杨贵妃的爱情之中，便同意了李林甫的提议，让他放手去干。

随着这个政策的落地，安禄山等地方长官不仅掌握了政治权力，还掌握了军事权力。就像今天的企业一样，销售员既掌握了销售权，又掌握了客户维护权。当一个人掌握的权力达到一定程度时，人性就会走向膨胀。当时唐王朝一共有10个兵镇，安禄山就控制了其中的3个，这让他觉得自己兴许能与唐王朝分庭抗礼。

公元755年，影响中国历史走向的安史之乱拉开了序幕。从此，唐王朝开始走向衰落。随着唐王朝的覆灭，社会又经历了数十载的分裂局面。而造成分裂的根本原因是，唐王朝覆灭以后，各地藩镇纷纷自立，当地首领既控制了政治，又控制了军事。

这段历史给我们带来什么启示？企业一定不能让销售员单独面对客户，不能让攻城和守城的权力集中在一个人的手上。不要考验人性，否则企业的客户一定会有丢失的风险。

弊端三：破坏客户体验

一旦客户被销售员带走，这大概率会破坏客户体验。在职业生涯中，我亲眼看到许多客户被销售员带走，之后却发现该销售员一个人很难做好服务，但客户又不好意思再回到原来的企业，最后只能另寻其他合作伙伴。

从本质上讲，企业是靠系统来服务客户的，而不是靠某个人。

甚至站在更高的维度看，客户不是个人的客户，也不是企业的客户，客户是社会的客户，企业只是代为管理这些客户。因为企业是社会的"器官"，需要履行一部分社会责任。比如，卖水的企业的社会责任是让客户喝上健康的饮用水，卖衣服的企业的社会责任是让客户穿上物美价廉的衣服。如果企业让客户流失到个人手中，那么客户的体验感会受到巨大的影响。

另外，攻城和守城所需要的能力模型也是不一样的。纵观古今，每个朝代都分工明确：武将攻城，文官守城。也就是说，销售员会攻城，但他不一定能守城。因此，企业一定要把攻城和守城的职能分开，交给两个团队来做：销售攻城，客服守城。销售团队只负责进攻，城攻下来后，守城部队立马跟上去，通过更专业的服务把客户留住，并做深、做大。

那么，守城从哪里开始呢？从绑定管理开始。过去我在一线管理营销部时，针对每一个客户，我都保证有两支团队面对他：

左手是销售团队,专门负责开发客户;右手是客服团队,专门负责维护客户。针对不同级别的客户,企业还要对销售团队和客服团队进行分层管理:普通中小客户由普通销售员开发,由呼叫中心维护;大客户则由销售特种兵开发,由项目客服维护。只有当企业内部有两个以上的人来服务客户时,企业才能真正将客户绑定在公司层面,而不是个人层面。

那么,如何对不同层级的客户进行绑定呢?下面我给大家介绍几种绑定方法。企业可以根据客户规模和客户类型,选择合适的绑定方法。

方法一:层级绑定

第一种绑定方法叫层级绑定。所谓层级绑定,是指将不同层级的客户绑定到不同层级的管理者身上。客户规模越大,企业绑定的管理者就越多,关注客户的人就越多,企业为客户投入的资源就越多。

为什么要做层级绑定呢?我讲一个真实的案例,你就明白了。

有一家公司刚刚在国内成为头部,舒坦日子还没过两年,就被国际巨头盯上了。国际巨头大举进入中国市场,迅速对这家公司的大客户下手。等到该公司反应过来,才发现许多大客户已经被国际巨头撬走了。

如何应对国际巨头的进攻呢?我给这家公司的建议是从客户绑定入手。我首先盘点了这家公司的客户,并将其客户分成两大类。月交易额在1万元以下的零散客户由普通销售员提供服务;

一旦客户的月交易额超过1万元，公司就要派专门的销售特种兵对接。为了更好地服务并留住高价值客户，该公司还要对高价值客户进行层级绑定。

如何进行层级绑定呢？如表9-1所示，我将所有月交易额大于1万元的客户细分为5个档位，每个档位绑定不同的管理层。客户的月交易额越高，绑定的人越多，管理者的层级也越高。

- 月交易额在1万~5万元的客户，绑定销售人员和客服人员。一般来说，企业要为每7~8个客户配一名客服人员。
- 月交易额在5万~10万元的客户，绑定销售人员、客服人员和销售主管。也就是说，一旦销售主管负责的区域出现了月交易额在5万~10万元的客户，那么他要随时关注客户的动态，并定期拜访客户。
- 月交易额在10万~20万元的客户，绑定销售人员、客服人员、销售主管和销售经理。除了销售主管，销售经理也要随时跟进这类客户的动态。
- 月交易额在20万~50万元的客户，绑定销售人员、客服人员、销售主管、销售经理以及区域总监。
- 月交易额在50万~100万元的客户，绑定销售人员、客服人员、销售主管、销售经理、区域总监和大区总经理。
- 月交易额在100万元以上的客户，绑定销售人员、客服人员、销售主管、销售经理、区域总监、大区总经理和集团营销副总裁。

表9-1 某公司的层级绑定

客户月交易额	绑定对象						
	销售人员	客服人员	销售主管	销售经理	区域总监	大区总经理	营销副总裁
1万~5万元	√	√					
5万~10万元	√	√	√				
10万~20万元	√	√	√	√			
20万~50万元	√	√	√	√	√		
50万~100万元	√	√	√	√	√	√	
100万元以上	√	√	√	√	√	√	√

你会发现：客户规模越大，参与绑定的管理者就越多。当然，管理层参与绑定并不代表管理者要亲自去一线为客户提供事无巨细的服务，绑定主要是为了倒逼管理者持续关注客户的动态，定期拜访客户，做好客情关系维护。过去我的办公室里常年挂着两张图：一张是公司针对100名大客户设计的作战地图，另一张是我个人绑定的大客户名单。我每天要做的第一件事情就是确认绑定在我身上的大客户是否出现异动。因为公司当时在打一场生死决战，要求非常严格：一旦大客户流失，整条线上的管理者都会被降级，甚至需要引咎辞职。所以，每个管理者都把绑定在自己身上的客户盯得死死的。

回到上述案例，过去这家公司的每个客户平均只有一个销售员在盯。现在，客服团队在盯，各级销售管理者也在盯。接下来，双方还要进行层层对接：销售经理对接客户企业的经理，区域总监对接客户企业的总监，营销副总裁对接客户企业的副总裁……这样一来，双方就能建立对等的组织互动关系，从而实现客户关系的高中基层全覆盖。

此外，这家公司每年都会召开几次客户答谢会，每个月都会邀请重要客户过来开一次碰头会，营销副总裁每半年就会带着其他销售管理者亲自上门拜访客户，了解自己的服务还有哪些可改善的空间。时间一长，他们就和客户处成了朋友，变成了真正的战略伙伴。即便是国际巨头，也很难撬动该公司的老客户。

这里顺便解释一下：销售员将客户开发进来以后，由客服团队提供后续服务，但这并不代表客户与销售员就没有关系了。销售员依然要做定期维护，只是可能过去一个月要拜访客户8次，现在只需要拜访4次，剩下的日常维护工作全部交给更加专业的客服团队。对于所有老客户的业绩，销售员照样按过去的比例提成。这样一来，销售员的利益没有受损，同时可以把更多的时间腾出来开发新客户，何乐而不为呢？

方法二：行业绑定

第二种绑定方法叫行业绑定。所谓行业绑定，是指针对不同行业成立专门的行业项目组。这种方式适用于客户规模中等但同行业客户数量比较多的企业。

前文讲过，我曾将上海分公司的50名销售员分为两支队伍：40名基础销售员面向中小客户，另外10名销售特种兵面向大客户。那么大客户怎么开发呢？销售特种兵不能乱开发，每个人只能聚焦一个行业。

我发现很多销售员的精力非常分散：时而开发A行业的客户，时而开发B行业的客户，时而开发C行业的客户。三百六十行，销售员对每个行业的客户都不放过。事实上，一个人的精力是有限的，销售员只有聚焦深耕一个行业，才能真正服务好这个行业的客户，为这个行业的客户创造大价值。

基于此，我们公司当时选择聚焦上海地区的5个物流需求最旺盛的行业，比如服装行业、电子行业、金融行业。每个行业由两名销售特种兵负责，他们专门开发行业内部的大客户。我告诉所有销售特种兵："你们只能专注于开发一个行业的大客户，如果不是这个行业的客户，那么即便开发成功，也不能算提成。"这倒逼他们深入挖掘单个行业的客户，深入思考如何更好地满足客户的需求。

销售负责攻城，客服负责守城。我们公司还为这5个行业的客户分别成立了客服项目组，比如服装行业客服项目组、电子行业客服项目组、金融行业客服项目组……当销售特种兵将行业大客户开发进来后，专业的行业客服项目组立即承接，这种绑定方式就是行业绑定。

这样一来，无论是销售团队还是客服团队，都能聚焦一个行业，将这个行业的客户做深、做透。

方法三：项目绑定

第三种绑定方法叫项目绑定。所谓项目绑定，是指当一个客户的级别很高，体量又足够大，且大到需要一个专门的团队去服务时，企业就要为该客户成立专门的项目组。通常来说，这个项目组是由销售、客服、技术、运营等多个部门的员工共同组成的一个跨部门团队。成立项目组的目的是打破"部门墙"，让各个部门真正做到以客户为中心，所有岗位都围绕客户终身价值分工协作。

项目组的四个角色

项目组是企业深度联结客户的纽带，它需要承担四个角色。

项目组是客户需求的第一责任人

在过去的职业生涯中，我曾在不同企业成立过100多个项目组。在每一个项目组成立时，我都会告诫项目组的成员："你们就是客户需求的第一责任人。"

项目组是客户关系的第一责任人

客户的声音就是行动的命令。一旦项目组成立，日常的客情关系维护全部由项目组负责，包括高层、中层、基层的关系维护。一旦客户进行投诉或要求理赔，项目组成员全部都要冲向一线。

项目组是客户满意度的第一责任人

真正活得久的企业都是客户筛选出来的企业。因此，客户满意度是考核一个项目能否成功的关键指标。

项目组是项目成功的第一责任人

客户的生死存亡直接决定了项目组的生死存亡。在项目组成立之初，我会告诉每个成员："客户生，项目组生；客户亡，项目组亡。"

"铁三角"项目组

项目组应该采用什么样的结构呢？也就是说，项目组的作战阵型是什么样的呢？我经常用两种阵型：一种叫"铁三角"项目组，另一种叫"1+N"项目组。

谈到"铁三角"，你可能会想到著名的华为"铁三角"——由客户经理、方案经理和交付经理组成"铁三角"团队。客户经理负责销售，方案经理负责产品研发，交付经理负责交付。为什么要用"铁三角"这种作战阵型呢？任正非曾做过一个经典解释："三角，并不是一个三权分立的制约体系，而是紧紧抱在一起生死与共、聚焦客户需求的共同作战单元。它的目的只有一个：满足客户需求，成就客户理想。"

也就是说，"铁三角"是为了实现客户终身价值最大化而形成的一个共同作战单元。但不可否认的是，任何方法都是有边界的，企业只有找到适合自身的方法，才能更好地为客户服务。对于普通中小企业而言，它如果不生产高科技产品，面对的也不是超级大客户，那么不一定适合华为"铁三角"模式，因为这种"铁三角"模式需要企业投入极大的资源。所以，从成本的角度看，也许"大营销铁三角"更具普适性。

什么叫"大营销铁三角"呢？左边是销售人员，右边是客服人员，中间是市场或技术人员。通常情况下，中间这个人是"虚拟"的——他可以同时归属于多个项目组。如此一来，任何一个客户开发进来，在其生命周期内都有人关注：销售人员负责开发，市场或技术人员负责匹配客户需求，客服人员负责后期维护。这样的"铁三角"可能更贴近中小企业的实际场景，也更具备性价比。

"1+N"项目组

项目绑定的极端形式是什么呢？"1+N"项目组。

所谓"1+N"项目组，是指企业专门为单个超级大客户派遣一个项目经理，以及N个专门服务这个大客户的不同岗位的人员。这个团队中的所有人都只为这个超级大客户提供专属服务，不需要再服务其他客户。比如，我曾为某主机厂客户搭建专属团队，这个专属团队包括项目经理、项目受理、项目查询、项目结算、项目操作、项目维护等岗位，甚至还有专属的项目司机。这种专属感会给超级大客户带来极致的客户体验，可以很容易让客户感知企业的竞争优势。

"1+N"项目组的极端形式又是什么呢？驻站式项目组。顾名思义，如果客户的体量足够大，那么企业可以直接将项目团队驻扎在客户现场，与客户同吃、同住、同工作。比如，我之前所在的公司，有的项目组驻扎在惠普公司，有的项目组驻扎在强生公司，有的项目组驻扎在苹果公司。这些项目组的使命就是成为客户的物流部门，并配合销售部门向客户的上下游产业链渗透。

实质上，这种做法在跨国公司中非常普遍。许多跨国公司会将大客户交给战略客户管理团队来管理。这个团队的成员来自不同职能部门，包括新产品开发、技术支持、供应链、营销，从而可以管理客户关系的方方面面。譬如，宝洁公司在阿肯色州的沃尔玛总部本顿维尔市专门设立了一个战略客户管理团队，团队中的300名职员与沃尔玛团队共同合作，以提高双方绩效。这种合作方式在全球各地的沃尔玛总部都存在，比如欧洲、亚洲和拉丁美洲。

反观中小企业，为什么有些大客户逐渐就没有订单了，而有些大客户十年能够增长十倍？为什么有些大客户明明一年有几亿元的订单，却只给你几十万元呢？根源在于，你没有像上面的这些大企业一样，深度绑定大客户。企业只有深度绑定客户，才能真正近距离接触客户，了解客户的需求，进而为客户提供更适配的产品和服务。

比如，我辅导的一家高端体检医院就采用了驻站式绑定法。这家高端体检医院的一类重要客户是连锁美容院，这些连锁美容院会向该医院输送一些优质的个人大客户。为了更好地帮助这些连锁美容院服务个人大客户，这家医院为连锁美容院提供了驻站式服务，派专业人员帮助美容院为个人大客户塑造产品价值，并提供相关专业培训。不难想象，由于这些专业人员长期接触并深度了解了客户的需求，这家医院甚至可以为连锁美容院的个人大客户反向定制个性化的产品和方案，从而更好地满足了客户需求。

企业可以综合采用不同的绑定方法，与客户建立网状关系，比如纵向采用层级绑定，横向采用项目绑定，让客户感受到不是一个销售人员在服务他，而是整个公司从上到下都在关注他，都在想尽一切办法为他创造价值。一旦建立起这种网状关系，销售人员即便个人能力再强，想要带走客户也有一定难度。因为客户和组织中的许多人都绑定在一起，没有人是从头管到尾的。也就是说，不是销售人员一个人在为客户创造价值，而是许多人共同协作为客户创造价值。本质上，绑定管理的目的就是找到一种为客户创造价值的最佳阵型。

绑定管理的奖罚机制

我经常和企业家探讨一种奇怪的现象：几乎每家企业的大客户都有专人负责开发，但是大客户被开发进来后，很可能会流失，而且居然没有人需要对客户的流失负责任！换句话说，大部分企业只有关于客户开发的奖励机制，却没有关于客户流失的问责机制。

事实上，要想降低客户流失率，仅仅对客户进行绑定管理还不够，企业还要建立相应的奖罚机制：客户维护得好，业绩增长了，怎么奖励项目团队？客户维护得差，业绩下滑了，怎么惩罚项目团队？企业必须奖罚分明，否则，绑定管理等于白做。

归根结底，绑定只是手段，实现客户终身价值才是目的。如果客户在绑定后业绩大幅下滑甚至流失了，这就证明绑定团队没有真正为客户创造价值。相反，企业如果通过绑定管理实现了收入大幅增长，就应该对绑定团队给予奖励。

具体来说，奖罚机制可以分为以下几个部分。

奖罚对象：谁绑定，谁负责

奖罚对象的确定只需要遵守一个原则：谁绑定，谁负责。

除了销售人员，所有参与绑定的人员都要被列入问责管理名单。无论是公司总裁还是基层客服,只要参与绑定,任何人都不得例外。

为什么单独将销售人员排除在外呢?因为在大营销体系中,销售人员的职责不是管理客户,而是开发客户。一旦客户开发成功,销售人员的使命就完成了。

奖罚逻辑:奖罚金额=净增(净减)×N%

奖罚管理包括奖和罚两个动作,其核心逻辑如下:如果客户的业绩出现了大幅增长,那么这说明绑定团队将客户照顾得很好,所有成员都可以享受维护奖金;同理,如果客户的业绩出现了大幅下滑,那么这说明绑定团队没有照顾好客户,所有人都应该接受惩罚。

鉴于客户业绩会出现自然波动,企业首先要设置一个奖罚基线。假设经过测算,客户的业绩平均每个季度有10%左右的自然波动,那么以10%为奖罚基线,分为以下三种情况:

- **交易金额净增的同比或环比数据大于10%**。在这种情况下,超出10%的净增部分可以提取5%作为团队的维护奖金。比如,某位大客户上个季度的交易金额是100万元,而这个季度的交易金额是150万元,那么在增加的50万元中,10万元属于自然波动,40万元属于净增业绩。根据此前的约定,公司要提取净增业绩的5%,也就是2万元作为团队的维护奖金。
- **交易金额的同比或环比数据上下浮动10%以内**。这属于自然波动，企业对团队不奖不罚。继续上文的案例，如果该客户本季度的交易金额为108万元，也就是说，客户的交易金额只增长了8%，这属于自然波动。
- **交易金额净减的同比或环比数据超过10%**。在这种情况下，超出10%的净减部分提取5%作为团队的罚金。在上述案例中，如果本季度该客户的交易金额跌落至50万元，那么剔除10万元的自然波动，净减部分的40万元中，有5%是罚金。也就是说，绑定团队要被罚款2万元。

奖金和罚金的分配逻辑：职级越高，比例越大

假设绑定团队将客户维护得非常好，最终获得了2万元的维护奖金，那么这个奖金应该如何分配呢？

企业只需要遵循一个原则：职级越高，奖罚比例越大。

如表9-2所示，这是一家项目制企业的奖罚机制。显而易见，这家企业采用的是层级绑定。对于月交易额在500万元以上的5A客户，这家企业不仅绑定了销售人员和客服人员，还绑定了销售经理、销售总监和总经理。如果5A客户的季度交易额达到目标交易额的110%以上，那么企业从净增部分提取5%奖励绑定团队。其中，奖金分配比例如下：总经理占比30%，销售总监占比25%，销售经理占比25%，客服人员占比20%。职级越高，奖金就越多。同样，有奖就有罚，如果5A客户的季度交易额为目标交易额的90%以下，那么企业按照相同比例分配罚金。职级越高，罚金就越多。

第九章 围绕客户终身价值做绑定管理：从个人的客户到公司的客户

对于月交易额在300万元~500万元的4A客户，该企业不再绑定总经理，只绑定了销售人员、客服人员、销售经理和销售总监。如果4A客户的季度交易额达到目标值的110%以上，那么企业从净增部分提取5%奖励绑定团队。其中，销售总监占比40%，销售经理占比30%，客服人员占比30%。问责也按照同样的比例来执行。

最终，这个奖罚机制会倒逼团队维护好老客户。因为一旦老客户的交易额出现大幅下滑或老客户流失，管理者职级越高，要承担的责任就越大。这就是为什么我每天上班时首先要确认大客户是否出现异动。

表9-2 某企业绑定团队的奖罚机制

客户类型	客户月交易额	销售人员	客服人员	销售经理	销售总监	总经理	奖罚机制
5A客户	>500万元	√	√	√	√	√	奖：季度交易额达到目标值的110%以上，净增部分的5%奖励总经理30%、销售总监25%、销售经理25%、客服人员20% 罚：季度交易额在目标值的90%以下，净减部分的5%由总经理乐捐30%、销售总监乐捐25%、销售经理乐捐25%、客服人员乐捐20%

（续表）

客户类型	客户月交易额	销售人员	客服人员	销售经理	销售总监	总经理	奖罚机制
4A 客户	300万元~500万元	√	√	√	√		奖：季度交易额达到目标值的110%以上，净增部分的5%奖励销售总监40%、销售经理30%、客服人员30% 罚：季度交易额在目标的90%以下，净减部分的5%由销售总监乐捐40%、销售经理乐捐30%、客服人员乐捐30%
3A 客户	100万元~300万元	√	√	√			奖：季度交易额达到目标值的110%以上，净增部分的5%奖励销售经理60%、客服人员40% 罚：季度交易额在目标值的90%以下，净减部分的5%由销售经理乐捐60%、客服人员乐捐40%

当然，在设计惩罚机制时，企业要排除以下三种特殊情况：

- **由公司变动引起的交易额下滑或客户流失，不予问责**。比如公司决定砍掉这款产品，或者公司要从上海搬到北京……此类原因造成的交易额下滑或客户流失，与团队无关。

- **由客户变动引起的交易额下滑或客户流失，不予问责**。比如，客户要砍掉相关业务，或者客户要从北京搬到上海……类似原因造成的交易额下滑或客户流失，与团队无关。
- **由不可抗力造成的交易额下滑或客户流失，不予问责**。比如天灾、地震、海啸等。

除以上三种特殊情况可免责外，其他理由都是借口。经常有销售人员强调淡季对业绩的影响，我认为真正需要转变的是销售人员的观念：只有淡季的观念，没有淡季的市场。企业要么争取在旺季把生意补回来，要么在淡季把竞争对手的大客户抢过来。

项目团队的管理

项目团队应该如何管理呢？最核心的管理抓手还是作战地图和五星评定。接下来，我将重点阐述项目团队的作战地图和五星评定如何设计。

项目团队的作战地图

客服部的管理线也要为项目团队设计作战地图，其设计逻辑主要包括以下几个方面。

服务谁

企业的资源是有限的，任何企业都不可能为所有客户提供项目制服务，毕竟，这需要企业投入大量的资源。那么，企业应该为哪些客户成立项目团队呢？

要想解决这个问题，企业必须设计一套评估立项流程，目的是从源头筛选出高价值客户。通过评估立项流程，企业就可以确定客户的级别，再根据客户级别决定资源投入的多少，进而决定项目团队的配置。

一般来说，评估立项流程由客服部发起，并联合市场部和销售部，严格按照大客户画像进行客户筛选。

在这个过程中，企业可以从三个维度来筛选客户：一是客户的级别，客户的级别越高，需要投入的资源就越多；二是竞争对手的情况，如果竞争对手更有优势，企业就没有必要浪费资源与对手正面竞争；三是企业的资源与客户需求的匹配度，比如产品、团队等是否匹配客户的需求。

如果客户的级别较高，对手的优势并不明显，同时企业的资源与客户的匹配度高，那么企业需要重点投入。

根据我过去的经验，不同企业筛选出来的优质客户比例大相径庭：有的企业会根据二八原则筛选出20%的大客户；有的企业会从20%中再筛选出20%的核心客户，也就是说，只有4%的超级客户可以通过评估立项流程；有的企业甚至会从4%的超级客户中再筛选出20%，约等于只有1%的"牛鼻子"客户才能通过评估立项流程。

服务什么

筛选出了客户，企业还要确定为客户提供的具体服务。

一旦评估立项流程通过，项目就可以正式运作了。在实际交付前，先由项目经理将所有服务内容整理成一本《项目客户操作手册》。该手册不仅涵盖服务客户的操作流程，还会针对客户的个性化需求，标注出需要特别注意的细节。当这个手册通报给所有项目成员后，项目方可正常运营。接下来，项目团队的所有成员都会严格执行这个手册。

怎么服务

怎么服务指的是项目团队在服务客户时需要做的关键动作。关键动作不用太多，企业只需要选择一两个关键动作。

每家企业所选择的服务动作是不同的。以表9-3中的企业为例，其关键动作有两个：一是项目客户拜访，这里的拜访是指维护拜访，而不是销售人员的开发拜访；二是项目客服每个月都要针对自己服务的客户，提交一份《项目客户维析月报》，让客户了解一个月内企业为他做了哪些工作。

动作量化

如表9-3所示，为了保证服务动作的质量，项目客服需要每周拜访客户4次，《项目客户维析月报》则需要每月提交一次。无论企业选择什么服务动作，动作的量化一定要科学有效。

成果考核机制及考核周期

管理必须形成闭环，有动作就有奖罚。以表9-3为例，项目客服每缺少一次拜访，会被罚款100元；同样，他如果没有及时为客户提供《项目客户维析月报》，就需要交400元罚款。

请注意，表格的下方有一行文字：20元=1分。也就是说，项目客服的罚款会转化为五星评定中的过程得分。

客户价值战略

表9–3　项目客服的作战地图

考核对象	服务谁	服务什么	怎么服务	动作量化	成果考核机制	考核周期
项目客服	项目客户	项目运营	1. 项目客户拜访 2. 项目客户维析月报	1.4 次 / 周 2.1 次 / 月	1. 未完成罚款100元 2. 未完成罚款400元	周 / 月
备注	公司已合作的项目制大客户	项目正常运营的保障	1. 项目客户拜访指为了保证项目正常、持续运营，项目客服应拜访相关部门及相关人员，每次至少拜访2个部门、2个人 2.《项目客户维析月报》是为了保证项目正常、持续运营，项目客服对每月的运营情况进行综合性数据分析，给予客户建设性指导建议	量化要科学（结合客户实际情况）		

说明：
1. 每个阶段性动作未达标的，按照考核要求每月罚款。
2. 20元=1分。
3. 以项目客户拜访、《项目客户维析月报》为星级评定的过程指标。

作战地图的落地抓手：《客服月报》

作战地图设计好后，如何保证项目团队做好对客户的维护管理呢？一个重要的抓手是《客服月报》。过去我在统管营销团队时，每个月都会组织营销三大部门召开月度客户经营分析会。会上，客服部门需要及时通报《客服月报》。今天许多企业对项目客户的流失后知后觉，根源在于没有时刻关注项目客户的动向。如果客服团队每个月都能提交一份《客服月报》，及时对项目客户的运营情况进行复盘，企业就能有效监控老客户的状态。一旦客户出现流失信号，企业就能在第一时间采取挽回措施。

那么，如何制作一份高质量的《客服月报》呢？它包括以下几个模块。

客户整体情况（总交易额的同比、环比分析）

与去年同期相比，客户的总交易额是上升了还是下降了？与上个季度相比，客户的总交易额是上升了还是下降了？通过数据分析，企业能清晰地看到客户的整体情况。

维护客户情况

每个项目团队都要对自己所服务的客户的情况进行通报，详细分析每一位客户的现状：该客户本月的交易额是否存在波动？是上升了还是下降了？波动的幅度是多少？造成波动的原因有哪些？

客户流失或减量情况

项目团队要重点关注客户的流失或减量情况。事实上，无论企业提供的产品和服务多么优秀，客户流失或减量的情况都可能出现。关键是面对这种情形，企业如何应对？

我的建议是做好预警管理，建立客户减量整改流程。当出现客户流失或减量信号时，企业要在第一时间召集所有与该项目相关的部门开会，共同调研客户流失或减量的真实原因，并商讨重新赢回客户的策略。是因为客户有了新需求，产品与其不匹配，还是因为服务不够细致，客户满意度降低？如果是客户需求变了，企业就必须及时升级产品和服务；如果是服务质量下降了，那么企业要迅速找到问题点，第一时间进行整改。

通常来说，赢回一个不满意的客户比开发一个新客户容易。企业只要找到客户不满意的原因，就能对症下药。

挖潜对象及目标

除此以外，每个项目团队都要评估哪些客户有挖潜的可能性，并列出挖潜名单及目标对应表，从目标交易额、人员和时间上落实挖潜工作。

然而，现实中大多数企业都没有挖潜意识，更谈不上建立挖潜流程。企业通常只会被动地为客户提供服务，客户指哪儿打哪儿。其实，这是对客户资源的巨大浪费。既然客户已经和你合作了，那你为什么不能进一步挖掘客户的潜能，将客户做大、做深、做透呢？

过去我在一线带团队时，每个月都会要求项目团队评估手中的客户是否具备挖潜的可能性。在每一次客户分析会上，各个项目团队都要拿出自己的挖潜方案，并讨论方案的可行性，共同研讨下一步的挖潜计划。

竞争对手分析

分析完客户的情况，项目团队还要对竞争格局进行分析：针对手中的每一个客户，本月是否有新的竞争对手进入？对方提供的差异化价值是什么？对方采取了哪些具体措施？我们如何应对？

团队管理

整个项目团队上个月在团队管理上做了哪些工作，招聘了多少新员工？针对项目团队，企业做了哪些培育工作，培育成果如何？项目团队的月度任务是否达标？针对未达标的团队，企业做了哪些帮扶管理，后续效果如何？针对上述所有问题，企业都要细化到人数和次数。

重点工作

项目团队还要在报告中规划下一步的重点工作，确定下一个阶段的维护目标，并列出关键动作以及具体措施。针对业绩下滑的老客户，项目团队首先要从客户那里听取最真实的声音：是客户需求发生了变化还是企业的服务品质出了问题？项目团队要找到真因，再列出清晰的管控措施。

项目团队的星级评定

为了调动项目团队的积极性，企业也要为项目团队导入星级评定。如果项目团队的人数大于20人，企业就可以导入五星评定；如果项目团队的人数在3~20人之间，企业就导入三星评定。

如表9-4所示，这是一家项目制类型的企业为项目团队设计的三星评定。从中可以看出，项目团队的星级评定与销售人员的星级评定在底层逻辑上是相通的，也是评定以下三项指标。

表9-4　某企业项目团队的三星评定

星级	新增维护业绩（万元）	总维护业绩（万元）	过程得分（分）	通关得分（分）	评定工资（元）
三星级	450	2 800	90	90	15 000
二星级	300	1 800	85	80	12 000
一星级	200	1 200	80	70	10 000

备注：
1. 过程得分：半年度过程考核的分数。
2. 通关得分：笔试＋实战模拟通关＋客户满意度评分。
3. 每半年评定一次。

第一项：业绩指标

项目团队要考核什么业绩指标呢？维护业绩。这与客服部的守城定位是一致的。遗憾的是，现实中大多数企业最常用的指标是客户满意度。但是，客户满意度在本质上只是一个过程指标，业绩增长才是真正的结果指标。因为如果客户真正感到满意，那么其业绩自然会增长。

维护业绩要细分为两个指标：一个是新增维护业绩，另一个是总维护业绩。同样，新增维护业绩可以根据企业的战略需求来定义。比如，企业的战略需求是向老客户推荐新产品，那么老客户在新产品上产生的业绩就可以定义为新增维护业绩。

如何为各星级的业绩指标赋值呢？赋值的逻辑可以参见销售部的五星评定。其中，赋值业绩指标的五条原则同样适用于项目团队，此处不再赘述。

第二项：过程指标

企业还要根据项目团队作战地图中的关键动作来计算过程得分。比如，某企业项目团队的关键动作有两个：一是每周拜访4次老客户，每少一次扣100元；二是每月提交一次《客户维护分析报告》，每少一次扣400元。按照规定：20元=1分，企业就能轻松计算出项目团队的过程得分。

第三项：通关指标

项目团队同样需要开展大通关，通关得分由线上通关得分和线下通关得分组成。

其中，线上通关考核的内容是客服部编写的《客服圣经》或《项目真经》中的客服模块，而线下通关考核的内容是作战地图中的关键动作，比如维护拜访、编写维护分析报告等。

按照业绩得分、过程得分和通关得分，企业就可以评定出每一位员工的星级。同样，星级会决定员工的基本工资、晋升、降级和淘汰。

总而言之，以上所有动作都是为了实现绑定管理，让企业更贴近客户，实现与客户在最后"零公里"的亲密互动，甚至将客户的办公室变成企业的办公室，给予客户家人般的关怀。唯有如此，企业才能真正深耕价值！

第十章
围绕客户终身价值构建服务蓝图：从营销1.0到营销4.0

从营销1.0到营销4.0

在新冠肺炎疫情期间，我亲眼看到许多企业在遭遇危机后业绩大幅下滑，也亲眼见证了不少企业在危机中逆势增长。面对同样的危机，为什么会有两种不同的结果呢？我们要找到危机背后的本质。

决定一家企业增长与否的本质因素是什么？企业有没有为客户创造高价值。当外部环境不好的时候，我们更能看出哪些企业真正为客户创造了价值。有些企业可能会辩解：我们也在提供产品和服务啊！但实际上，它们提供的产品和服务只是标配，根本没有为客户带来高于对手的价值。

从事营销工作20多年来，我越来越有一种强烈的感受：客户越来越挑剔，越来越难以满足。随着移动互联网的发展，今天企业面对的是全球化竞争，消费者能够轻而易举地接触世界级的产品和服务。他们一旦体验过世界级的产品和服务，就会以世界级的标准来衡量你的产品和服务。因此，今天的客户要的不是简单的服务，也不是基本的满意，而是超级满意和超级价值。这意味着对于企业而言，让客户满意只是起点，提供超出客户预期的价值才是目标。

纵观全球商业发展史，从20世纪五六十年代到今天，消费者对于价值的需求大约经历了以下四个阶段。

营销1.0时代：基础的功能价值

第一阶段的消费者追求的是功能价值。对于发达国家而言，这个阶段大约是在20世纪五六十年代，中国大约是在20世纪七八十年代。很多企业的第一桶金都来自这个黄金时代，企业只要能生产出产品，就不愁卖。因为在营销1.0时代，客户买的是产品的功能，要的是产品的基本价值。

营销2.0时代：品牌彰显个性价值

随着经济的高速发展，市场上的产品逐渐出现了过剩。当所有企业都可以提供产品的基本价值时，客户对价值的要求进入了2.0时代：他们不再追求基础功能，开始注重品牌。为了塑造品牌，不少企业开始研究如何在基本价值的基础上增加个性价值。企业的卖点不再是产品的功能，而是产品的情感和形象。这个阶段大约持续了20年。

营销3.0时代：予人尊重感的专享价值

近20年来，随着互联网、大数据、智能化等浪潮来袭，营销3.0时代也随之开启。借助科技手段，有的企业实现了为客户进行专项定制。此时，客户对价值的要求不仅包括功能性、感官性，还包括精神价值，即追求全过程的体验以及体验背后的价值认同和精神共鸣。比如航空公司设置白金卡，为客户提供各类专享服务，包括免费升舱、专业司机接送等，这些都会让客户有一种被尊重感。

营销4.0时代：客户自我实现的价值

新冠肺炎疫情是一个巨大的转折点。如果说在过去三个阶段，中国市场比西方市场普遍落后一二十年，那么新冠肺炎疫情将双方拉到了同一条起跑线上。三年来，我看到不少企业倒下了，也见证了一部分企业逆势增长。我发现那些逆势增长的企业有一个共性：用产品和服务成就客户，不仅追求功能价值、个性价值和专享价值，还追求客户自我实现的价值。

这个时代的消费者越发追求自我实现：他们越来越关注自我，希望通过购买企业的产品找到自我实现感。一个非常有力的案例是运动品牌Keep，这家互联网企业仅凭一块售价39元的奖牌，年营业收入过亿元。它成功背后的逻辑是什么？实际上，这块奖牌没有什么使用功能，但用户追求的是自我实现的价值。用户要想得到自己喜欢的奖牌，就必须先选择与这一奖牌相关的赛事，报名交费，然后在规定时间内用该公司的应用软件完成赛事内容。对于运动爱好者来说，奖牌是对自己完成挑战的精神奖励，代表了一种自我实现的满足感和获得感。

事实上，传统企业中不乏类似的案例。我在辅导企业时发现这种趋势非常明显，比如几乎所有的头部家居企业都在做全屋定制。这些企业不再向客户销售自己设计好的家居产品，而是为客户提供独一无二的定制方案。这意味着企业不再卖产品，而是转为成就客户，帮助客户实现梦想，为客户打造独一无二的港湾。

无独有偶，我服务的一家头部婚纱摄影企业近年来推出了"明星定制旅拍"。为什么？因为这家企业发现越来越多的新婚夫妻来拍婚纱照，并不是要完成一个仪式，而是希望通过拍婚纱照，使自己成为明星的样子。基于这个洞察，这家企业推出了"明星定制尊享系统"：客户可以选择自己心仪的明星风格，定制旅拍。同时，这家企业为客户提供三天两夜的一站式服务，让客户享受明星级的旅拍服务。

这家企业的逻辑是：成就客户，帮助他们"成为明星"。其使命是：你想成为谁，我就让你成为谁。

由此可见，企业打造产品和服务的最高境界是，帮助客户找到自我实现的价值。比如，我作为营销总顾问，最希望看到的事情是，我服务的每一家企业都成为百亿级、千亿级的企业。

工业革命以来，西方国家已经发展了几百年，它们一步一个脚印地走过了上面这几个阶段，最终经过市场的大浪淘沙，几乎所有活下来的企业都逐渐迈入了营销3.0和4.0阶段。而中国用40年的时间走过了西方走了几百年的路，这导致当下国内市场同时存在四种情况：有的企业还活在营销1.0时代，只关注产品的功能价值；有的企业开始研究品牌，研究如何满足客户的个性需求；

有的企业已经处于营销3.0时代，其利用互联网、大数据、智能化等手段，研究如何给客户带来专享价值；只有极少数优秀的企业在研究如何成就客户，用产品和服务满足客户，帮助客户获得自我实现价值（见表10-1）。

表10-1 客户价值需求的四个阶段

阶段	营销1.0时代	营销2.0时代	营销3.0时代	营销4.0时代
核心价值	功能价值	个性价值	专享价值	自我实现价值
价值主张	功能性	功能性、感官性	功能性、感官性、精神性	自我满足
导向	实现更好的交易	追求情感和形象	还原客户丰富的内心世界	互相尊重
目的	获得利润	塑造品牌	以人为本	实现自我
标志	创造客户	挽回客户	培养忠诚客户	成就客户
定位	找到位置	找到山头	找到江湖	找到尊重
定标	三流高手	二流高手	一流高手	顶尖高手

为什么有些人买了爱马仕的包，一定要把它放在最重要的位置？因为他在背包时，背的不是包，而是一种自我实现的满足感。为什么一个做工很好、设计也精美的普通牛皮包却达不到这个效果呢？因为普通牛皮包给客户带来的只是基础的功能价值，没有给客户带来自我实现价值。

企业如何快速跃进到营销4.0时代呢？从一开始，企业就要重视客户的感受，重视客户的自我实现价值，重视为客户提供高价值服务。当然，价值本身是一种非常主观的感受：可能A客户认为某产品有价值，而B客户认为它毫无价值。那么，如何判断一家企业的产品和服务是否为客户创造了价值呢？

我们可以监控一个核心指标：净推荐值。什么叫净推荐值？如果让客户用1~10分来对他们推荐某企业的可能性进行打分，那么结果可以分为三组：9~10分属于推荐者，7~8分属于被动满意者，0~6分属于诋毁者。净推荐值公式可以表示为：

净推荐值＝推荐者的占比－诋毁者的占比

在《营销管理》一书中，菲利普·科特勒提到过一组数据："虽然一般企业的净推荐值在10%~30%，但许多世界级大公司的净推荐值却能超过50%。其中，排名前几位的公司的净推荐值分别是：苹果77%、亚马逊74%、开市客73%、谷歌71%……"也许你从未计算过公司的净推荐值，但事实上，你服务过的每一位客户都会在心里为你打分。

为什么只有打分为9~10分的客户，才被称为推荐者呢？因为只有获得超越预期的服务，客户才会成为推荐者，才会愿意为你转介绍新客户。当客户给企业打了7~8分时，他对产品和服务基本满意，但这并没有超出他的预期，所以他是中立的。当你的对手也提供了这些标配服务时，客户当然不会为你转介绍新客户。那些打分为0~6分的客户，不仅不会给企业带来生意，还会带来负面影响。也许一个满意的客户可以为企业推荐3个新客户，但一个不满意的客户可能会影响13个潜在客户。

那么，如何提升企业的净推荐值呢？我们首先要分析一下，哪些因素会导致客户不满意？

在思考这个问题时，我发现很多企业都存在一个思维误区：

如果我向企业询问某位重要客户流失的原因，那么我得到的通常是导致客户流失的直接原因，而不是深层次的本质原因。比如，曾经有一位老板向我讲述了他是如何失去一位重要客户的：一天早上，一位VIP客户来医院做体检，结果前台把这位尊贵的客户遗忘了。客户等了一个多小时，还是没有人搭理他，最后客户非常生气。这件事传到了老板的耳朵里，他也非常生气，斥责员工没有服务意识。表面上看，客户流失确实是员工没有服务意识造成的。但更深层次的原因是，这家企业没有围绕客户建立一套价值服务体系。

这让我联想到法国一个著名的历史学派——年鉴学派，这个学派认为：分析任何一个历史事件，不能只从当下思考，而要从长期、中期和短期三个维度来看问题。我经常推荐《万历十五年》这本书，该书的作者黄仁宇提出要以"大历史"的观点看问题。从短期看，作者将目光聚焦于六个人物，通过万历皇帝、申时行、张居正、戚继光、海瑞等六人的经历，折射出万历皇帝对一个衰落帝国的绝望；从中期看，它反映了明朝以来高度程式化的社会已经定型，这几位精英阶层中最风流的人物试图对抗这套体制的局限性，却最终难逃失败的结局；从长期看，这不过是由于两千多年的中国封建官僚体系发展到了顶峰，它必然走向衰败。

经营企业同样需要这种思维方式。例如，图10-1是一家酒店的住宿服务流程图。如果前文中的企业也设计了类似的服务流程图，客户就不会无人问津了。如果再往深处思考，这甚至暴露出这家企业的老板和管理者没有真正理解什么是以客户为中心，更缺乏对客户终身价值的认知以及围绕客户终身价值构建管理体系的能力。如果企业有一整套客户终身价值管理体系，那么在与客户接触的每一个环节，都有指定的服务团队以及一套标准化的服务实施流程，从而让客户非常自然地从一个步骤走向下一个步骤。

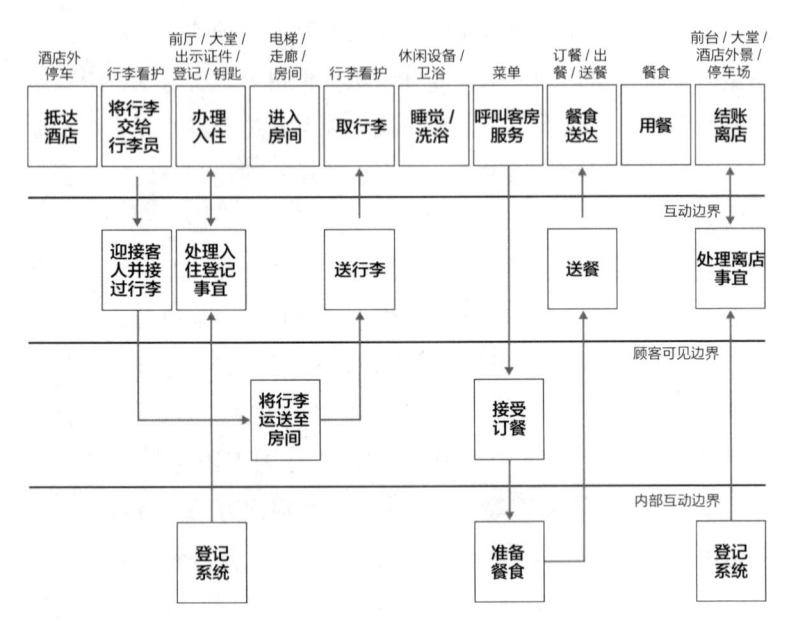

图10-1　某酒店的住宿服务流程图

以我辅导的一家摄影机构为例，该机构就沿着客户的消费旅程，围绕客户关键触点，形成了一套全生命周期的价值服务流程：从前期的排档期、接机，到中期的选礼服、做造型、拍摄、选片，再到后期的产品制作、包邮服务、售后服务，专属管家提供24小时的一对一贴心服务。对于每一个客户触点，该机构都建立了一套细化的服务流程，比如接机流程、选礼服流程、拍摄流程、选片流程……所有流程都是标准化的。为了保证服务流程的质量，该机构甚至对所有流程编写了岗位秘籍，再配合每个月的培训和通关，这提升了每个员工的专业度，从而保证所有岗位的员工都能为客户创造最大的价值。

某酒店的服务方法论

一家真正以客户为中心，致力于提升客户终身价值的企业会怎样提供服务呢？

以亚朵酒店为例，其创立于2013年，成立短短几年就一跃成为中国中高端酒店第一名。截至2023年3月31日，这家酒店已经拓展至968家分店，会员超过3 200万人。其中，近500家分店的平均客户满意度在4.9分以上。在部分商圈，亚朵的价格甚至超过同商圈的五星级酒店的价格。

那么，亚朵为什么有这样的底气？客户之所以愿意为高价买单，一定是因为他获得了高价值服务。亚朵有一套属于自己的服务方法论：基于用户旅程，针对与客户的17个关键触点，细分出四五十项服务。

这些服务是如何设计出来的呢？

首先，亚朵会挖掘用户的真正痛点，并根据痛点做触点，然后将触点提炼、梳理成卖点，再将卖点跟消费者连接，最终完成产品交付。

比如，亚朵发现客户在入住酒店时，由于舟车劳顿，通常比较疲惫，这是客户的痛点。因此，在登记入住这个触点，亚朵设计了奉茶环节。客人进入酒店后，工作人员会双手奉上一杯70度的温茶。

再比如，亚朵会根据不同地域特色设计具有当地特色的早点，这和普通酒店的标准化早餐相比，形成了差异化。如果客户来不及吃早点，那么工作人员还会为客户打包好。当客户离开酒店时，亚朵还会为客户送上一瓶40度左右的暖心水。

当然，考虑到每个动作都会产生服务成本，亚朵对这四五十项服务进行了分层。所有服务被分为三类：

- **基础级服务：** 人人都可以享用。
- **个性化服务：** 只对金卡或白金卡客户开放。
- **定制级服务：** 客户如果需要，可额外付费或通过积分兑换。

为了降低服务成本，平衡成本与客户体验，亚朵提出了标准个性化，即将标准化和个性化融合，用标准化体系满足每一类人群的个性需求。因为通常情况下，客户想要的一定是个性化服务，但企业的资源是有限的，不可能无限度地满足每一个用户。所以，通过标准个性化，客户最终感受到的是个性化，但亚朵是在标准化体系内实现的。

具体怎么做呢？举个例子，亚朵早期的铂金会员在入住时，会收到绣有自己姓氏大写字母的定制拖鞋，顾客感受到的是定制服务，而酒店仓库只是按照一定配比，把绣有20多个字母的拖鞋分别准备好。再比如亚朵的手写欢迎卡，客户看到的是定制化欢迎卡，但实际上，欢迎卡也是细分为8~10种类型批量准备的，它可以满足不同人群的个性需求。

2020年6月，亚朵升级了会员体系，提出了A卡计划。A卡计划跳出了原有的单一住宿场景，将阅读、健身、新零售等众多权益进行有机组合。A卡会员可以享受运动、阅读、打车、看电影等方面超过35种品牌的优惠权益。

以健身为例，亚朵与Keep进行了深度合作，Keep将其应用软件中的10款收费课程在亚朵的100多家门店上线。A卡会员只要入住这100多家门店，就可以打开电视的智慧屏，免费体验Keep的付费课程。此外，亚朵的A卡会员权益体系中还包括单向空间、力波啤酒、拉面说、倍轻松、高德打车、曹操出行等众多品牌。

从亚朵的案例中可以看出，高价值服务不是一种口号或理念，它需要内化为一整套价值服务流程。企业要思考针对不同的客户，提供什么样的服务，谁来提供这些服务，服务清单有哪些？这就是为客户构建价值服务蓝图的过程。

那么中小企业能不能像亚朵一样，也形成一幅完整的价值服务蓝图呢？下面我们就来解决这个问题。

构建价值服务蓝图

如何构建完整的价值服务蓝图呢？企业需要思考以下几个关键问题。

要为哪些客户提供高价值服务

任何一个服务动作都会产生成本。如果企业为每一个客户都提供高价值服务，那么企业的成本会非常高。如何平衡降低成本与为客户提供价值的关系呢？

在构建价值服务蓝图时，企业首先要对客户进行分类，识别高价值客户，并尽量将更多的资源倾斜在高价值客户身上。客户的级别越高，企业为其提供的价值就越大。

如表10-2所示，这是一家企业为客户构建的价值服务蓝图。从这个表格中可以看到：这家企业只为3A级及以上的客户提供高

表10-2　某企业的价值服务蓝图

客户类型	客户名单	服务模式	服务团队	服务菜单（价值菜单）				备注
^	^	^	^	基础价值	个性价值	专享价值	自我实现价值	^
5A客户	—	项目绑定：驻站式、"铁三角"、"1+N"项目团队	项目团队	1.下单 2.受理 3.查询 4.投诉 5.理赔 6.仲裁	1.电子账单 2.电子专刊 3.业务主动推荐 4.积分主动兑换 5.在线客情服务 6.精美包装服务 7.指定时间服务	1.一站式服务 2.一体化服务 3.一揽子服务	成就客户，相互尊重	多、快、好、省、新
4A客户	—	项目绑定："铁三角"、行业项目组	项目团队	^	^	^	无	^
3A客户	—	层级绑定	项目客服	^	^	无	^	^

价值服务，客户等级越高，企业提供的服务就越多。无论是服务模式、服务团队还是服务菜单，该企业为5A客户投入的资源都远远多于4A和3A客户的。

针对不同级别的客户，采用何种服务模式

针对不同级别的客户，企业应该采用什么样的服务模式呢？如果客户的体量非常大，企业就要成立专门的项目团队，为客户提供驻站式服务。如果客户的体量中等，企业就只需要做好层级绑定。

对每个客户采用什么样的服务模式，要基于客户的实际情况来设计。一般来说，针对5A客户，企业可以采用项目绑定，并根据实际情况选择驻站式、"铁三角"或"1+N"项目团队的服务模式；针对4A客户，企业可以采用"铁三角"或行业项目组的方式进行服务；针对3A客户，企业只需要进行层级绑定。

针对不同级别的客户，匹配什么样的服务团队

为什么许多企业的客户复购率和转介绍率都很低呢？最重要的原因是，企业没有专门的服务团队。销售人员将客户开发进来后，当后续服务出了问题时，客户找不到服务人员。许多企业表面上建立了会员管理体系，但针对高价值会员却根本没有匹配专门的服务团队，所有客服工作都停留在表面。

反观会员运营出色的企业，一定有专人对接客户。比如母婴零售品牌孩子王为每个会员都配置了一对一"育儿顾问+工程师"，目的是给客户提供个性化育儿服务。近6 000名持有国家育

婴师资质的育儿顾问和500名各地区三甲医院的育儿专家，通过数字化工具，随时随地为会员解决催乳、婴儿抚触、宝宝理发、小儿推拿等各种难题。

这些育儿顾问和育儿专家给企业带来了什么回报呢？孩子王的会员收入占整个母婴商品销售收入的比重超过96%。其中，黑金会员数量超过81.7万人，单客年产值达普通会员的11倍左右。这些会员的黏性极高，据说每年总计可以帮孩子王拉进来500万个新客户，这些新客户的开发靠的不是广告，而是超级员工和超级用户的自零售。

孩子王的案例对于To C端企业应该有很大的启发。那么，To B端企业是安排一个服务团队还是一个专业客服人员来对接客户呢？这要根据客户的实际情况来设计。

一般来说，客户的级别越高，企业配置的服务团队就越强大。如表10-2所示，5A、4A客户都配置了项目团队，而3A客户直接由项目客服负责就可以了。

针对不同级别的客户，设计哪些服务菜单

服务菜单本质上就是价值菜单——客户需要哪些能感知到的高价值服务？这是整个价值服务体系中最重要的工作。

企业可以为客户创造哪些价值呢？按照菲利普·科特勒的观点，根据客户的需要，企业可以在三个领域创造价值：功能、心理和货币。

- **功能价值**：通常指的是与产品性能直接相关的利益和成本，

比如性能、耐用性、兼容性、定制化、风格、包装等。如果企业销售的是工业设备，那么功能价值是客户优先考虑的要素。保修服务、免费换配件、个性化定制、免费包装、免费试用、免费送货、免费退货等，都属于非常典型的功能价值。
- **心理价值**：指的是与产品相关的心理利益和成本。心理价值超越了功能价值，为客户创造的是情感利益。比如，购买丰田汽车的客户可能看重的是汽车的功能价值，而购买宝马汽车的客户则更看重心理价值。绿色通道、服务流程简化、一站式服务、会员专享服务、免费电子专刊、一对一咨询顾问、24小时服务管家、难忘的消费体验等，都是可以满足客户的心理价值。在功能价值很难实现差异化的今天，如何增加产品或服务的心理价值，是值得每一家企业深入思考的课题。
- **货币价值**：指的是与产品相关的财务利益和成本，包括价格、费用、折扣和返利，以及与使用和处置产品相关的各种货币成本。比如，山姆会员店的卓越会员卡可以为客户提供2%的积分返利，这就属于一种货币价值。返现、会员折扣、专享优惠券、会员积分返利等都可以提升货币价值。

客户价值是指潜在客户对产品的所有利益和成本评价与他们对所感知的替代产品的所有利益和成本评价之间的差异。也就是说，企业要想为客户创造高价值，成为客户的首选，就要保证最终为客户创造的功能价值、心理价值和货币价值都优于竞争对手。企业要想提高自己在客户心目中的价值，要么提高产品或服务的功能、心理和货币价值，要么降低客户在评估、获取、使用和处置企业的产品或服务时所产生的功能、心理和货币成本。

按照这个逻辑，企业要从交易流程入手，列举出自己能提供哪些可以提升价值或降低成本的产品和服务，形成一个清晰的服务清单。

在这个实体产品越来越难以差异化的时代，许多优秀企业都将目光转向了服务差异化。这也让许多中小企业看到了服务的重要性，然而，你如果追问它们为客户提供了哪些服务，就会发现大部分中小企业根本没有服务菜单。只有极少数像亚朵这样的优秀企业，基于客户与企业的接触点，梳理出了自己需要为客户提供的服务。接下来，针对不同级别的客户，企业要对服务菜单进行分类，并明确每一类客户可以享受哪些服务。

如表10-2所示，当所有服务菜单列出来后，企业再将其细分为四大类。

基础价值

基础价值是所有客户都能享受的价值，它是企业必须给予客户的标配服务。比如，下单、受理、查询、投诉、理赔、仲裁，是每家企业都要有的基础服务。

遗憾的是，我发现90%以上的中小企业连这六个最基础的服务流程都没有。一个最近发生的案例是，有一家公司的客户投诉了产品质量问题，结果好几天都没有人给出回应。最后客户在无奈之下，找到了这家公司内部的人，把电话转到了老板那里。

当客户投诉时，企业的处理流程是什么？当客户要求理赔时，不同层级员工的权限有多大？客服人员、经理、总监的权限分别是什么？不要小看这些细节，它们最容易影响客户体验，影响客户对价值的判断。如果客户连这些基础价值都享受不到，那么后面所谓的个性价值、专享价值、自我实现价值都是空中楼阁。

个性价值

在基础价值之外，企业还要设计一些增值服务，让客户享受个性价值。通常情况下，增值服务会超出常规的基础服务范围，只向一小部分客户开放。比如，航空公司的金卡客户就享有许多增值服务：在乘坐飞机时可以优先登机；在托运行李时，行李重量可以增加一倍；在候机时，可以去贵宾厅免费吃一碗面……

如表10-2所示，这家企业的增值服务包括：为客户提供电子账单，让客户了解自己一个月内的消费情况；为客户提供电子专刊，说明在过去的一个月企业提供了哪些服务；向客户主动推荐对其有帮助的业务；主动为客户兑换积分；提供在线客情服务和精美包装服务等。

专享价值

专享价值则是更小一部分客户才能享受的。如果你是某航空公司的白金卡会员，那么任何时候只要有座位，航空公司可以免费为你升舱，还会为你提供一系列专享服务。从登机开始，就有专门的空姐为你服务；到了目的地，还有专车接送……

再比如，航空公司专门为大客户量身定制了包机服务；保险公司为高端客户奉上私人健康、私人礼遇、私人律师、私人收藏、私人家业和私人旅行等服务，这些服务都是为了向客户提供专享价值。

再举个例子，亚马逊公司一开始只为Prime会员（一种付费会员）提供两日内免费送达的基础服务。后来为了留住大客户，亚马逊公司将Prime会员分为两个档位：

- 每月8.99美元：只包含基础免费送货服务。
- 每年119美元或每月12.99美元：包含总价值超过700美元的22项会员权益，比如购物优惠、电子书免费阅读、无限量的照片存储服务等。

这些服务不仅会为客户提供功能价值，还会给客户带来心理价值，让客户感觉自己与众不同。这种拥有特权的尊重感会让客户的体验更佳，企业就可以进一步锁定客户。

企业可以根据实际情况，为客户提供类似的专享服务：

- 赠送服务设备，比如高铁商务座乘客可以获得免费拖鞋。
- 专享绿色服务通道，比如高铁商务座乘客可以提前上车，航空公司的金卡会员可以提前登机。
- 简化服务流程，比如银行的高净值客户不用排队等候。
- 产品担保服务，比如产品在10年内免费质保。
- 难忘的消费体验，比如某些企业专门为会员客户举办生日会。
- 一站式服务。

自我实现价值

为客户创造价值的最高境界是帮助客户获得自我实现价值。什么是自我实现价值？通俗地讲，消费者要的不是产品，而是想在产品中找到自我。然而，今天中国的很多企业普遍停留在营销

1.0时代和2.0时代，它们更关注基础价值和个性价值，迈入营销3.0时代和4.0时代的企业屈指可数。但可以肯定的是，消费者越来越关注自我实现价值，这一定是企业未来努力的方向。

怎样让客户获得自我实现价值呢？这最终还是要回到前面九个章节的内容：战略上以客户终身价值为导向，接下来设定高目标和高标准，锁定高价值客户，并为高价值客户设计产品和服务，还要为其培养专业的服务团队，研究作战地图和激励机制，同时为客户绑定项目服务团队、构建价值服务蓝图……企业的一切动作都是为了更好地成就客户，为客户提供高价值。

针对不同级别的客户，企业可以匹配相应的服务菜单。比如，5A客户可以享受基础价值、个性价值、专享价值和自我实现价值；4A客户则只能享受基础价值、个性价值和专享价值；3A客户可以享受的权益就更少了，只能享受基础价值和个性价值。

至于如何设计服务菜单，我可以提供两个思路：一是从客户接触点开始复盘，重点关注接触中的痛点，基于此研发各类服务；二是从多（数量）、快（速度）、好（质量）、省（成本）、新（创新）五个维度来思考自己可以为客户提供哪些差异化服务。

弄清楚以上内容，企业就可以设计出专属的价值服务蓝图了。

结　语
企业的成功是客户价值管理的成功

行文至此，本书进入尾声。回望20多年的职业生涯，我从未停止思考一个问题：企业成功的本质是什么？直到写完本书，我给自己交了一份答卷：企业的成功是客户价值管理的成功，而客户价值管理成功的前提是，企业必须为客户创造最大的价值。

从服务第一个客户开始，我就竭尽全力为客户提供力所能及的服务，当时我内心只有一个朴素的想法：帮助客户卖掉产品！也许客户感受到了我的真诚，向我介绍了7个客户。我继续竭尽所能为这7个客户创造价值，而这7个客户又为我介绍了49个客户。毫不夸张地说，这些客户是我职业生涯最早的引路人。

我是幸运的，因为这段经历从一开始就让我树立了正确的价值观，让我明白经营的本质是形成"为客户创造价值，客户再回馈给企业价值"的正向循环。正是带着这种朴素的认知，我走过了20多个年头。

十年前，我从营销一线走向讲台，当时我给自己描绘的十年画像是：帮助更多企业越走越远，帮助更多企业成为行业第一。十年弹指一挥间，我辅导的不少企业已经成功跻身行业第一，但我心中始终有一个遗憾：如何将这个正向循环传递给更多的企业？本书算是交了一份满意的答卷。

我希望读完本书，大家能转换思维方式，以终为始来看待客户价值管理，从客户终身价值这个终点出发，重新思考客户价值管理中每一个模块的设计逻辑。

第一个模块是价值战略。过去企业经常把营销等同于销售，把销售等同于卖东西，这是典型的以短期业绩为导向。企业一旦转换到客户视角，就会发现营销战略的目的是实现客户终身价值最大化，这个价值不是短期的一次性价值，而是尽可能延长客户的生命周期。

第二个模块是价值目标。当战略调整后，企业还要调整目标。但大部分企业过去定目标的逻辑是，老板明年想要多少业绩，就给销售团队布置多少任务。但是从长远看，企业要提升的是客户终身价值，这意味着企业必须设定高标准和高目标。因为企业只有超越标杆的标准，才可能为客户创造超越标杆的价值，进而实现客户终身价值最大化。因此，定目标的逻辑是先想好十年后的画像，再倒推今天的目标。这是一个根本性的转变。

第三个模块是营销组织。战略决定架构，当战略从业绩导向转向客户终身价值导向时，企业要调整组织架构以承接新战略。如何调整组织架构？企业要围绕客户全生命周期来构建组织架构：成交前由市场部塑造价值，成交中由销售部实现价值，成交后再由客服部深耕价值。只有前、中、后期都有专门的部门来承接，这个战略才能真正落地。

第四个模块是锁定客户。任何一家企业的资源都是有限的,要想实现客户终身价值最大化,企业必须锁定高价值客户。因为只有高价值客户才能回馈给企业高价值,从而形成良性的互动关系。否则,企业后续也没有资源为客户创造价值。因此,营销部门不能乱枪打鸟,而是从一开始就要锁定能建立长期互利关系的高价值客户。

第五个模块是产品设计。当从自身利益出发时,企业最容易犯的错误就是"先产品,后客户"。正确的逻辑一定是"先客户,后产品"——根据客户画像设计产品画像。而且,企业为客户提供的不是一次性产品,而是一辈子的方案。要想做到这一点,企业必须聚焦,持续打磨产品价值,保证其产品价值高于竞争对手的。

第六个模块是团队建设。企业要建设一支与高价值客户相匹配的高能级销售团队。这意味着企业要做两件事:一是选种——根据客户画像和产品画像,倒推人才画像,找到高潜力人才;二是构建一套高效的人才培养体系,让人才成长的速度跟上业务发展的速度。

第七个模块是作战地图。当客户、产品和团队准备好以后,接下来企业就可以制定作战地图了。制定作战地图的目的是,根据客户不断变化的需求提供相应的资源和销售动作,最终提升销售团队的效率。作战地图设计好以后,企业还要做好销售过程的品质管控,保证销售人员严格执行作战地图。

第八个模块是激励机制。企业的评价系统也要基于客户终身价值，而不是将短期业绩作为唯一的评价指标。有了科学的评价标准，企业就能设计出对内、对外的激励机制，让五星级员工享受五星级待遇，更让五星级客户享受五星级待遇。

第九个模块是绑定管理。客户成交完成并不等于双方的合作结束了，成交只是企业实现客户终身价值最大化的开始。因此，从客户成交的那一刻开始，客服部就要冲上去，对客户进行绑定管理。企业一旦做好了绑定管理，就能持续深耕客户价值，持续将客户做大、做深、做透。

第十个模块是服务蓝图。今天客户需要的不是一般的功能价值和基础服务，而是超出预期的高价值服务。而超出预期的高价值服务是靠企业设计出来的。从客户进入企业的那一刻起，企业就要为不同类型的客户设计价值服务蓝图，确保每一位客户在每一个环节都能享受相应的高价值服务，最终用产品和服务成就客户，帮助客户获得自我实现价值。

以上十个模块环环相扣，围绕客户终身价值一线打穿、一以贯之，围绕客户全生命周期建立了客户终身价值管理体系。帮助企业实现客户终身价值最大化的不是某个环节，而是一套组合拳。

举个例子，如果一家经销商类型的企业要改变战略——从过去的短期业绩导向转为客户终身价值导向，那么它首先要树立高目标和高标准；接下来，其组织架构也要改变，从市场部到销售部，再到客服部，全部围绕客户全生命周期来构建；同时，企业必须提高选择经销商的标准，锁定高价值经销商，保证它们与企业建立长期互利关系；企业还要根据经销商的画像设计产品、培育销售人员（从成交型转向赋能型）；紧接着，通关内容也要调整，从考核开发能力变为考核销售人员赋能经销商，教会经销商如何培训员工和服务终端客户的能力；与此同时，销售人员的作战地图也需要调整，关键动作从过去的开发客户转向赋能客户。这些调整涉及五星评定中对销售人员过程得分的考核，而且企业还要对经销商展开五星评定。为了绑定大经销商，企业需要安排专业的客服团队进行驻站式服务，重新设计价值服务蓝图。

由此可见，这些模块是相互支撑的。这就好比穿衣服，第一颗纽扣一定不能扣错，否则后面所有的纽扣都会扣错。

这个系统最大的意义在于，帮助企业把客户价值管理中的关键点串起来了，并整理成一个完整的客户终身价值管理体系。企业只有全面理解了客户终身价值管理体系的系统性和整体性，理解了这套连环动作，才能真正实现客户终身价值最大化。

任何一家企业的成功都不是一个点的成功，而是系统性的成功。通常来讲，企业对客户管理的理解可以分为三个层次：第一个层次是关注简单的销售技巧，这是加法思维；第二个层次是做销售管理，这是乘法思维；第三个层次是跃升到战略和系统的高度做客户管理，这是指数思维。

大道至简，事实上，这些本质规律都是常识，并没有那么复杂。为什么有些人明明知道这些规律，却依然很难成功呢？难就难在日复一日的坚持。"一个战略、几条战术、百倍执行、千倍坚持"，战略和战术一旦确定下来，剩下的就是百倍执行和千倍坚持，而这恰恰是最考验企业的。企业必须有足够的耐心和韧性，排除一切干扰，日复一日地执行确定好的战略和战术。

我始终坚信：未来的商业逻辑一定是价值为王。未来衡量一家企业成功与否的标准有且只有一个：能不能做到客户终身价值最大化？这考验的是企业有没有为客户创造价值，能不能帮助客户成功。

罗曼·罗兰曾说："真实的、永恒的、高级的快乐，只能从三样东西中取得——工作、自我克制和爱。"作为企业家，最大的幸福不是拥有庞大的财富和无尽的名利，而是通过商业修炼到完全无我的状态，只有满怀爱与奉献、成就他人，自己的内心才会真正获得平静、坦荡、喜悦以及有能力完全接受一切的幸福感。

从这个维度讲，为客户创造价值不仅仅是为了满足客户的需求，更是在承担某一方面的社会责任，是在满足社会的需求。商业的本质就是用产品和服务为社会创造价值和财富，为人民的幸福生活添砖加瓦，为全人类做贡献。